心理学の基礎
―新しい知見とトピックスから学ぶ―

加藤 司 編集

樹村房
JUSONBO

はじめに

　本書は，主に，心理学領域を専攻としない専門学校生，短期大学生，大学生にも理解することができるように作成された「教養としての心理学」のテキストである。心理学に関する知識がなくとも，容易に学習を進めてゆくことができるように工夫されている。

　最近，心理学への関心から，このような心理学のテキストが数多く出版されている。しかし，本書は，従来の「教養としての心理学」のテキストとは異なる。従来の「教養としての心理学」のテキストでは，現在では誤りであると考えられていたり，修正されていたりする現象の説明や理論などが，何の手も加えられることなく古い情報のまま，紹介されているものが多い。たとえ最近出版されたテキストであっても，このような傾向が見られる。本書は，古典的な理論や現象の説明を紹介しつつも，現在ではどのような評価を受けているか，どのような修正がなされているかが記載されている。加えて，本書では，心理学の専門書にも掲載されていないような最新の知見に関しても触れられている。そのような意味で，本書は，心理学を専門とする学生の「心理学入門書」としても十分な役割を果たすと思われる。

　最新の知見をテキストに反映するためには，最先端の研究を行っている研究者が執筆に当たり，内容をかみくだき，学生の興味・関心をとらえて平易に解説しなければならない。本書の執筆者は，いずれも多くの研究業績をあげている若手の研究者たちである。上記の目的を達成するため，討議を繰り返し，全力を傾注して執筆に当たり，本テキストが完成した。

2007年2月

執筆者を代表して　　加　藤　　　司

も　く　じ

第1章　知覚 …………………………………………………………1
1. 視覚情報処理の基礎過程……………1
  (1) 視覚情報処理の分業体制……………1
    1) 視覚属性ごとの処理　1
    2) 結合錯誤現象　2
  (2) 注意のはたらきと性質……………5
    1) 注意を向けると　5
    2) 視線が注意を引きつける　6
  (3) 顔の認知……………8
2. 脳と視覚情報処理……………11
  (1) 大脳機能局在……………11
  (2) "なに"経路と"どこ"経路……………11
  (3) "なに"経路，"どこ"経路の障害……………12
  (4) 意識と"どこ"経路，"なに"経路……………12
3. 文化と知覚・認知……………14
  (1) あなたとわたし，見えている世界は同じ？……………14
  (2) 文化の影響……………15
  (3) アメリカに住むとアメリカ人的見方になる……………18

第2章　記憶 …………………………………………………………20
1. 記憶のしくみ……………21
  (1) 感覚記憶と注意……………21
  (2) 短期記憶……………21
  (3) 長期記憶……………22
2. 符号化……………24
  (1) 体制化……………24
  (2) 示差的処理……………24

(3)　体制化と示差的処理……………25
　3.　保持……………25
　　　(1)　エピソード記憶……………27
　　　(2)　意味記憶……………28
　4.　検索……………28
　　　(1)　さまざまな検索……………28
　　　(2)　符号化と検索の相性……………30
　5.　記憶を抑制する……………31
　　　(1)　「忘れろ」と言われると忘れられるのか……………32
　　　(2)　思い出すと忘れてしまう？！……………33
　　　(3)　抑制研究の今後……………36

第3章　学習 ……………37

　1.　学習心理学の基礎……………37
　　　(1)　学習とは……………37
　　　(2)　学習心理学の基本的な考え方……………38
　2.　古典的条件づけ……………38
　　　(1)　古典的条件づけとは……………38
　　　(2)　古典的条件づけの基礎……………40
　　　　　1)　古典的条件づけの図式　40
　　　　　2)　古典的条件づけ手続きの分類　41
　　　(3)　古典的条件づけに関する諸現象……………43
　　　　　1)　獲得・消去・自発的回復　43
　　　　　2)　般化と分化　43
　　　　　3)　高次条件づけ　45
　　　(4)　日常場面における古典的条件づけ……………47
　3.　オペラント条件づけ……………49
　　　(1)　オペラント条件づけとは……………49
　　　(2)　ソーンダイクの研究……………49
　　　(3)　スキナーの研究……………50

(4) オペラント条件づけの基礎……………52
　　　　1) 強化と随伴性　52
　　　　2) 3項随伴性　53
　　　　3) プレマックの原理　53
　　　　4) 罰による反応の抑制　54
　　(5) 日常場面におけるオペラント条件づけ……………54
4. 条件づけよりも高度な学習……………55
　　(1) 問題解決学習……………55
　　(2) 観察学習……………56
5. 学習心理学の貢献……………56

第4章　ストレスと情動 ……………59

1. 情動が喚起されるしくみ……………59
　　(1) ジェームズ・ランゲ説とキャノン・バード説……………60
　　(2) シャクターの2要因説……………61
　　(3) ラザルスの認知的評価……………62
2. ストレスと体のしくみ……………64
　　(1) ストレスとは……………64
　　(2) ホメオスタシス……………65
　　(3) ストレッサーに遭遇すると……………67
　　　　1) 自律神経系　68
　　　　2) 内分泌系　68
　　　　3) 免疫系　69
3. ストレスのメカニズム……………70
　　(1) セリエのストレス学説……………70
　　(2) ホームズとレイのライフイベント理論……………71
　　(3) ラザルスの心理・社会的ストレス理論……………73
　　　　1) 認知的評価　73
　　　　2) コーピング　74
　　　　3) トランスアクション理論　76

第5章　性格 79
1. パーソナリティ　79
2. パーソナリティの理解　80
    (1) 類型論　80
        1) 類型論　80
        2) クレッチマーの類型論　80
    (2) 特性論　82
        1) 特性論　82
        2) アイゼンクの特性論　83
        3) ビッグファイブ　84
        4) 類型論と特性論との異なり　85
    (3) 最近のパーソナリティ理論　87
        1) クロニンジャーのパーソナリティ理論　87
3. パーソナリティの形成　88
4. パーソナリティの測定　90
    (1) 質問紙法　90
        1) Y-G性格検査　90
        2) ミネソタ多面的人格目録　92
    (2) 投影法　92
        1) ロールシャッハテスト　93
    (3) 信頼性・妥当性について　94
        1) 信頼性　94
        2) 妥当性　95

第6章　発達と教育 98
1. 人のきずなの大切さ　98
    (1) 「きずな」はどのようにして作られるか　98
        1) スキンシップの重要性　98
        2) 愛情のあるつながり　99
        3) 愛着の測定　100

(2) 「きずな」の形成を妨げる要因と人間の発達のしなやかさ…………100
　　　　1) 発達の初期における経験　100
　　　　2) 母性的養育の剥奪　104
　2. 心の発達……………104
　　(1) 人が人の「こころ」を理解する……………104
　　　　1) 人間の発達について　104
　　　　2) 心の理論とはなにか　105
　　　　3) 子どもはいつごろから人の気持ちがわかるようになるか　105
　3. 親や大人と子どもとのかかわり……………107
　　(1) 親によるしつけ，養育のあり方……………107
　　(2) ほめることとやる気……………108
　　　　1) やる気とは　108
　　　　2) 報酬はやる気を高めるか　109
　　(3) 人や周りを見ることで学ぶ……………110
　　　　1) 観察学習とは　110
　　　　2) モデリングの過程と自己効力感　111
　4. 教師と子どもとのかかわり……………113
　　(1) 子どもを理解する……………113
　　　　1) ハロー効果　113
　　　　2) ピグマリオン効果（教師期待効果）　114
　　(2) 子どもに応じる……………115
　　　　1) 適性処遇交互作用とは　115
　　　　2) 個に応じた教育　115
　　(3) 子どもの自律性を育てる……………116
　　　　1) 自ら学ぶやる気とは　116
　　　　2) 自ら学ぶ　119

第7章　社会的行動 ……………120
　1. 社会や他者について知る……………120
　　(1) 他者について知る―この人はどんな人だろう……………120

(2)　人や物を評価する──「好き」と「嫌い」のバランス……123
　　(3)　原因を探る──どうしてこんなことが起きたの？……125
　2.　他者に対してはたらきかける……127
　　(1)　自分について誰かに話す……127
　　(2)　他者に自分を印象づける……130
　3.　他者から受ける影響……132
　　(1)　同調行動──反対意見が多くても，自分の意見を貫けるか……132
　　(2)　権威への服従──偉い人からの命令に逆らえるか……134

第8章　人間関係 ……138

　1.　出会いの心理……138
　2.　コミュニケーション……141
　　(1)　コミュニケーションとは……141
　　(2)　言葉だけではない……142
　3.　恋愛の心理……144
　　(1)　恋愛と幻想……144
　　(2)　愛はなぜ終わるのか……144
　4.　対人葛藤とソーシャル・サポート……145
　　(1)　対人葛藤と対人葛藤方略……145
　　(2)　ソーシャル・サポートとは……147
　　(3)　ソーシャル・サポートと精神的健康……148
　5.　攻撃性……151
　　(1)　攻撃性の生得説……152
　　　1)　フラストレーション─攻撃仮説　152
　　　2)　本能的行動　152
　　　3)　生理的基礎　154
　　(2)　攻撃性の学習……154

引用文献 ……156
さくいん ……161

コラムもくじ

- コラム 1：注意されない対象は見落とされてしまう………4
- コラム 2：視線方向へ………9
- コラム 3：音が見える？………13
- コラム 4：不思議な図形①………16
- コラム 5：不思議な図形②………17
- コラム 6："組み合わせ"の記憶………26
- コラム 7：フラッシュバルブメモリ………29
- コラム 8：名前が思い出せない！！………35
- コラム 9：あなたのキスは右利き？　それとも左利き？………39
- コラム10：プラセボ効果………46
- コラム11：「病は気から」の科学………48
- コラム12：学習性無力感………57
- コラム13：タイプA，タイプB，タイプC，タイプD，タイプE？………66
- コラム14：「自分ではどうしようもない」と思うことがストレスになる………75
- コラム15：心的外傷後ストレス障害………77
- コラム16：血液型による性格判断と偏見………86
- コラム17：行動遺伝学………89
- コラム18：投影法の問題………96
- コラム19：「野生児の記録」をもとに人とのきずなの意味を考えてみよう………103
- コラム20：「頭のよさ」はどのように調べられてきた？………106
- コラム21：子どもはテレビのまねをするか？………112
- コラム22：先生は子どもたちをどんなふうに見ているか？………118
- コラム23：ステレオタイプの軸：有能さと暖かさ………122
- コラム24：外傷体験の開示の効果………129
- コラム25：アドルフ・アイヒマン………136
- コラム26：ドキドキしていると，異性の魅力を感じやすい!?………140
- コラム27：相手との距離のとり方で関係性がわかる!?………143
- コラム28：文化によって異なる対人関係のあり方………150
- コラム29：愛着スタイルとソーシャル・サポート………153

第1章 知覚

 ふだん何気なく行っている「見る」ことを，改めて問い直すのが本章の目的である。見ている内容は間違っているかもしれないこと，見ることと脳の関係，見ることと文化・他者とのかかわりについて主に紹介していく。視覚は人間のもっている感覚のうちで最も研究の進み，その理解が進んでいる感覚である。本章では，複雑な視覚情報処理システムのおもしろさ，不思議さのエッセンスを取り出し，わかりやすく解説する。

1. 視覚情報処理の基礎過程

 眼を開くと，すぐさま周囲の光景が目に飛び込んでくる（つまり，「見える」）。私たちは何の苦労もなく，あまりにも簡単に見ることができる。人間の頭の中で生じている「見る」ための情報処理がいかに複雑であるかを意識することは，皆無であろう。ときには，「見ている」内容に間違いがあったりするが，このようなことを気にとめる機会などないであろう。

(1) 視覚情報処理の分業体制

1) 視覚属性ごとの処理

 たとえば，黄色い立方体，赤い円柱がある。頭の中で物体はどのように表現され，どのような情報処理が行われているのか。この場合，ただちに「黄色い立方体」「赤い円柱」という，色と形が結びついた「まとまった物体」が表現

されるのではない。まず「黄色」という色と「立方体」という形が別々に脳内で表現され，処理される。つまり，視覚情報処理システムには，色専門の処理システム，形専門の処理システムが存在する（図1-1参照）。その後，これらの2つの視覚属性が「正しく」結びつけば「黄色い・立方体」が脳のなかで表現され，目の前に黄色い立方体があると「見る」のである。また，正しく結びつかなければ，「赤い・立方体」という事実とは異なる状況を「見る」ことになる。

2） 結合錯誤現象

このように，さまざまな視覚属性が独立に処理されたり，ときとして事実と異なって見えると解説されても，にわかには信じられないかもしれない。ここ

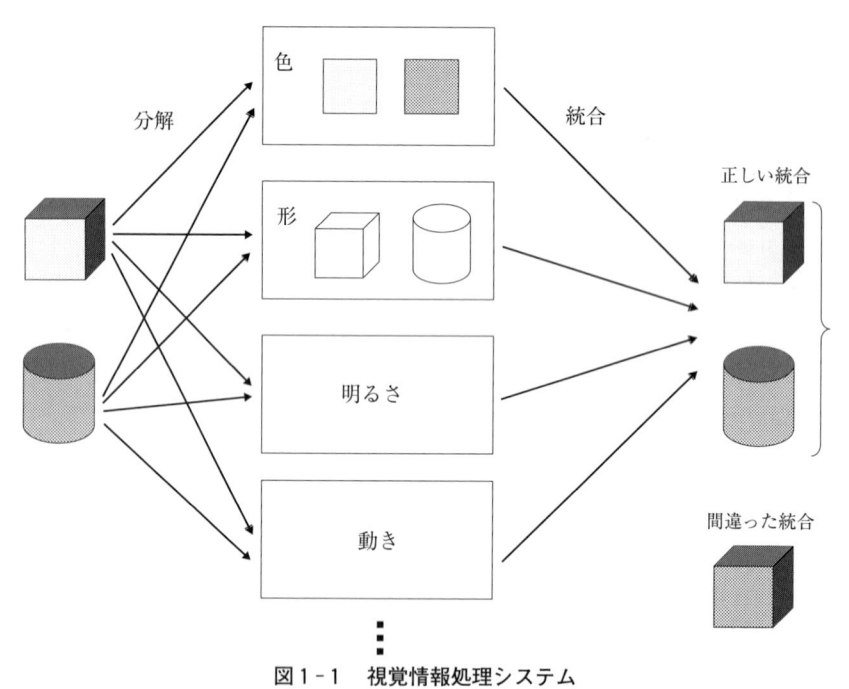

図1-1　視覚情報処理システム

▶各視覚属性にはじめ分解され独立に処理された後，各属性の情報が統合される。色，形以外に，明るさ，動きなども独立した視覚属性として処理される。

にひとつの研究報告をその証拠としてあげる。

　トリーズマンとシュミット（Treisman & Schmidt, 1982）は，被験者に，図1-2のような刺激を非常に短い時間提示し，両端の数字を答えさせた（主課題）。主課題に加えて，被験者にはもうひとつの課題，すなわち，数字の間に提示されるアルファベットの文字，色，位置の組み合わせを答える課題が与えられた（副課題）。主課題を優先し，主課題は100％に近い正答をするように強調された。もちろん十分な時間が与えられれば，主課題に集中している状況といえども，副課題に正答するのは容易であろう。しかし，実験では刺激が瞬間提示された。その結果，間違いが生じた。つまり，提示されたアルファベット，色はすべて正しく答えることができるにもかかわらず，間違ったアルファベットと色の組み合わせを答えることが明らかとなった。図1-2でいえば，黒のNではなくて，薄グレーのNが見えたと答えるような間違いが生じたのである。このような見間違いは**結合錯誤**（Illusory conjunction）といい，トリ

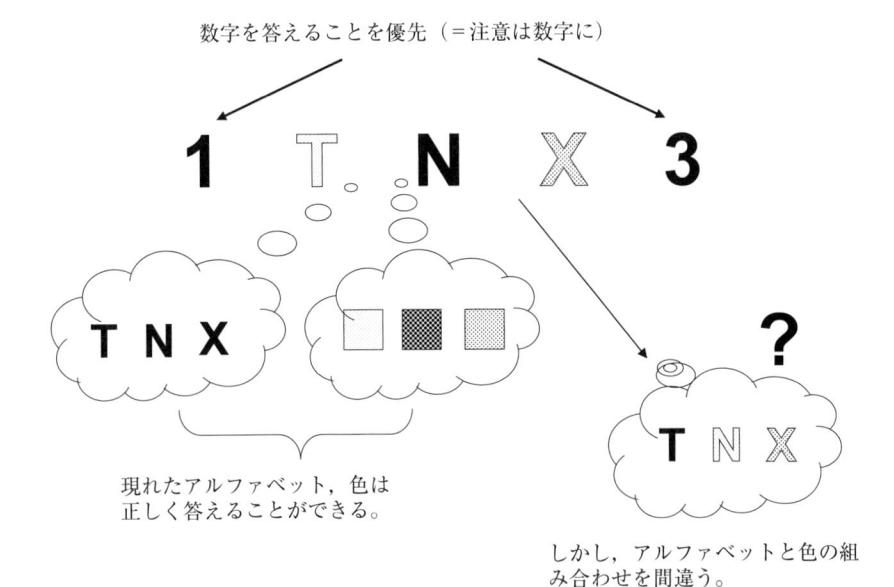

図1-2　トリーズマンとシュミットの実験

コラム1：注意されない対象は見落とされてしまう
―「非注意による見落とし」現象にみる運転中の携帯電話使用への警告―

　私たちは周りに見える世界を正しく認知していると「自分では」思いこんでいるが，実はそうではない。本コラムではそのような例をもうひとつ紹介しよう。マックとロックは（Mack & Rock, 1998）非注意による見落としという現象を報告し，ある対象に注意を向けると「別の対象の存在に全く気がつかない」可能性を示した。彼らの実験では2つの交差する線分が提示された。被験者はタテ，ヨコどちらの線分が長いか，または同じ長さかを答える課題を繰り返した（83%の高い正答率が得られた）。被験者には知らされずに，ある試行では線分のほかに光点も提示された。線分課題を行っているとき，25%の実験参加者が光点の存在に全く気が付かなかった。線分判断を行わなくてよい場合には光点は100%検出されることから，線分に注意を向けているときには，光点検出という非常に簡単な視覚情報処理も妨害されることになる。

　以上の研究成果をふまえると，法令で禁止されている，「携帯電話を使用しながら（つまり携帯電話に注意を向けながら），自動車を運転する」という行為はいかに危険かが理解できよう。通話に集中していると，危険物が道路に落ちていたり，歩行者が道路上にいたとき，その発見が遅れるだけでなく，全く気がつかない可能性もあるのだから。（永井）

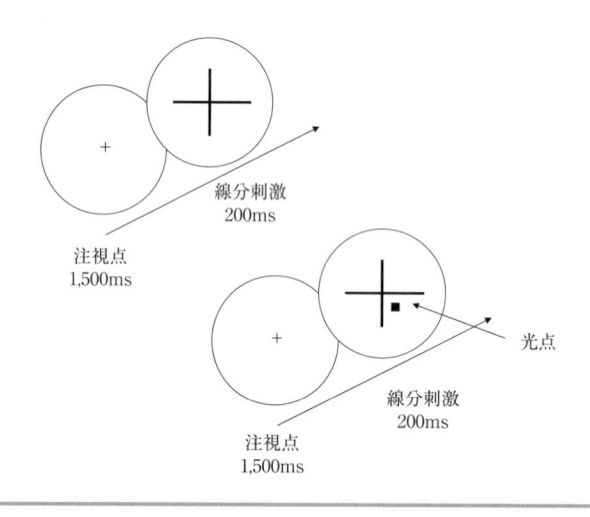

ーズマンとシュミットの実験のように，注意が，ある対象に向かず（実験の例では，アルファベット），別の対象（数字）に向かっているときに生じることがわかっている。

（2） 注意のはたらきと性質

1） 注意を向けると

先の項目で，注意が向いてないときに，色と文字の間違った結びつけが生じることがあると述べた。すなわち，**注意**（attention）が向いていれば正しい結びつけが生じる。注意が向いているときの情報処理上のメリットを示した実験をひとつ紹介する。

ポズナーら（Posner et al., 1978）は空間手がかりパラダイムという手続きを使って，注意の働きについて調べた。図1-3にみられるように，画面の中央に，＋，→，←，のいずれかのシンボルが被験者に提示された。＋（中立手がかり試行）が現れるときターゲット（■）は左右同じ確率で出現し，→が現れるときターゲットは右側に80％の確率（有効手がかり試行）で，左側に20％の確率（非有効手がかり試行）で出現し，←が現れるとき左側に80％の確率で，

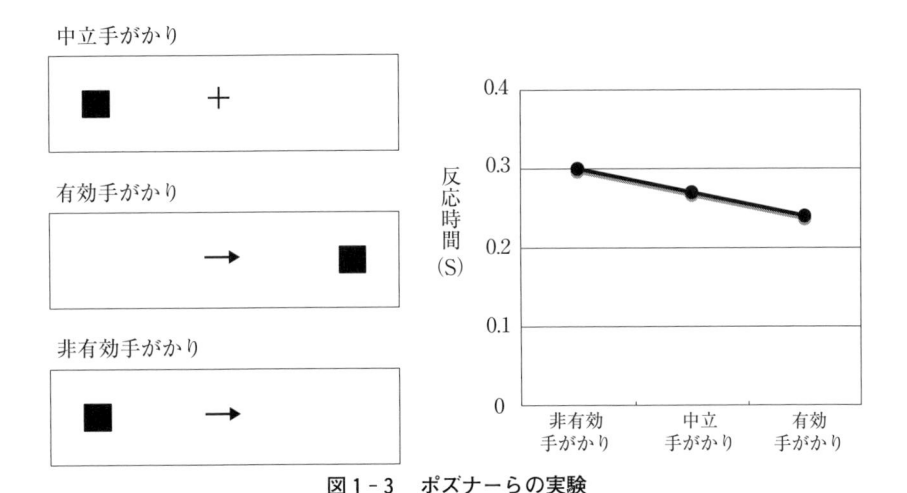

図1-3 ポズナーらの実験

右側に20％の確率で出現した。被験者は実験中，目を画面中央から動かさず，ターゲットが左右どちらに出現したか，反応するように求められた。実験の結果から，矢印（→，←）が出たときには矢印の向いた側，つまり，出現率が高い側にターゲットが現れたときに検出が早くなることが明らかになった。すなわち，目を動かしていないにもかかわらず，矢印という手がかりによって出現確率の高い側に「注意」を移動させることによって，ターゲットの検出が素早くできるということがわかった。また，その後の研究で注意を向けた側のターゲット検出が速くなるだけでなく，正確になることもわかっている。

このように，注意を向けることによる視覚情報処理上のメリットから，色と形の結びつけの間違いも注意を向けている場所では生じない，あるいは生じにくくなるのである。

2）視線が注意を引きつける

前項で紹介した実験では矢印を提示し，矢印を向いた側にターゲットが提示される確率を高くすることで，注意を矢印の向きに移動させた。しかし，このように手の込んだことをしなくとも，注意が自動的に移動する状況がある。

ドライバーら（Driver et al., 1999）が行った実験では，コンピュータ画面中央に顔写真を提示した（図1-4）。顔は常に正面を向いていたが，視線が左または右を向いているものがランダムに選ばれた。顔写真提示から0.1秒，0.3秒，あるいは0.7秒後に顔写真左側，右側いずれかに等確率で英文字「L」も

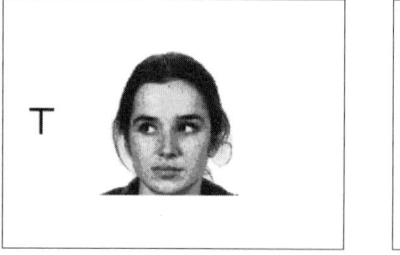

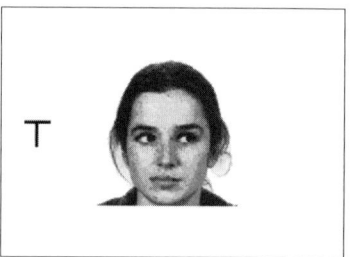

図1-4　ドライバーらの実験で用いられた刺激（Driver et al., 1999）

しくは「T」が現れ，被験者にはどちらの文字が出現したかをできるだけ早く答えることが課題として与えられた。実験の結果，どのような文字の提示タイミングであっても，視線が向いた側に文字が提示されたとき視線が向かない側に提示されたときよりも反応時間が短くなることがわかった。さらに，視線の向いた側に文字が出現する確率が12.5％，向かない側に出現する確率が87.5％と，条件を変更し，同様の実験を行った。このとき，視線の「向かない」側に注意を移動させると文字が出現する確率がはるかに高いにもかかわらず，顔刺激提示から0.1秒および0.3秒後に文字が出現するときには，視線が向いた側に文字が提示されたときに反応時間が短くなった（ただし，0.7秒後ではそのような結果は得られなかった）。

　これらの結果から，人は他者の視線の向く方向へと自動的に，反射的に注意を移動させる。他者の視線に影響されるこのような注意の移動を**共同注意**（joint attention）という。とくに，ドライバーらの実験のように，顔写真の視線へと注意を向けることによって要求される課題成績が低下するような場合であっても，瞬時にそれを防ぐことができないのである（0.7秒の時間が与えられると，視線の向きへ向かう自動的な注意移動をキャンセルし，ターゲットが高い確率で提示される視線と反対の方へと注意を向けることが可能となる）。

　では，なぜ，視線の方向へと注意が自動的に引きつけられるのであろうか。たとえば，目の前にいる相手が視線を左にそらしたとき，そこには何か重要なものや，危険なものがあるかもしれない。あるいは，相手の視線の先にあるものを認知しなければ，相手の言うことが理解できないといったことも少なくないであろう。視線方向への注意は発達過程に獲得されるものであり，たとえば，自閉症など社会的コミュニケーションに障害のある場合では成人になっても視線方向への注意が効率的に機能しないことも知られている。他者の視線の先に自身の注意を自動的に向けることは生存上，あるいは社会的コミュニケーションを成立する上での大きな利点となるために，視線方向への注意機能が私たちの視覚情報処理システムに組み込まれているのだと考えられている。

（3） 顔の認知

　私たちは，身の回りにある物体がどのような方位にあっても認知することができる。たとえば，マグカップが倒立状態（さかさま状態）で置いてあっても，正立状態（通常の状態）に置いてあっても変わりなく認知することができる。これはマグカップだけでなく，身の回りのほとんど全ての物体に共通である。しかし，顔の認知は，顔が正立か，倒立かでその認知の難しさが大きく異なることがわかっている。図1-5はサッチャー錯視とよばれるものである。倒立状態では，2つの倒立顔のどちらにも違和感がないであろう。しかし，テキストを逆さまにして，2つの顔を正立させて比べてみてほしい。このようにしてはじめて，右側の顔がとてもグロテスクであると認知することができる。このデモンストレーションでわかるように，顔が倒立した状態では顔の認知が難しくなるのである。

　1980年代，1990年代の多くの研究によって，正立顔では目，鼻，口などのパーツ間の相対位置が変化したことが容易にわかるのに対して，倒立顔では困難であることが指摘されてきた。このような研究成果により，倒立顔ではパーツ

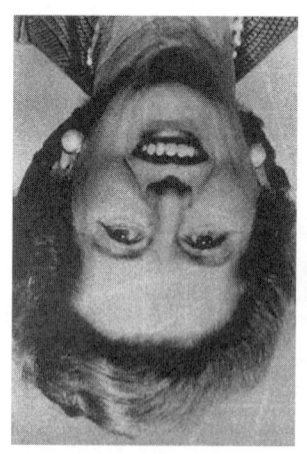

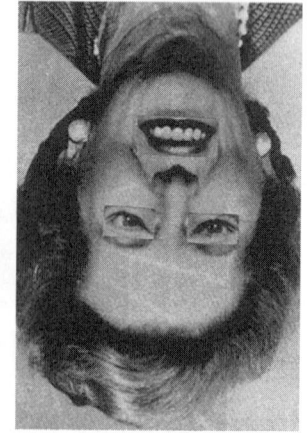

A　　　　　　　　　B
図1-5　サッチャー錯視 (Thompson, 1980)

コラム2：視線方向へ
―バスケットボールをめぐるかけひき―

　本章では，他者の視線の方向へと自身の注意が自動的に向いてしまうことを紹介した。このことは，私たち人間が他者の視線方向に対してとても敏感に反応することを意味している。つまり，他者の視線の先がどうしても気になってしまうのである。たとえば，電車に乗っているとき，隣の人の新聞をこっそりと見たつもりでも，向かいの人には丸わかりということになる。日差しの弱い冬でも，色の濃いサングラスをかけているのは自分の視線の先を周囲の人に悟らせたくないのかもしれない。

　スポーツの場面では，「視線」をめぐったかけひきがある。たとえば，バスケットボール。実はとても複雑なスポーツだが，局所的には攻撃側一人 v.s. 守備側一人の対戦，とシンプルに考えることができる。攻撃側は守備側を出し抜いてゴールに近づき，守備側は攻撃側にゴールへと近づかれないようにする。多くの場合行動の選択権は攻撃側にあり，守備側は攻撃側の動きに即座に対応して守らなければならない。

　さて，攻撃側の動きを予測するために有効なのが攻撃側の「視線方向」である。ふつう攻撃側はこれから自分の進む方向を見るので，攻撃側の視線方向は「これから攻撃側が進もうとする」方向を示す。いくら「さりげなく」見てもだいたい攻撃側の意図は守備側に読まれてしまうものなのである。しかしながら，攻撃側が自身に有利に視線を使うこともある。たとえば，攻撃側は右側に行くつもりはないのに，「右側に行くぞ」と守備側に思わせるために，大げさに視線を右側に向ける。このとき，守備の選手の注意は攻撃選手の視線の先に「自動的に」向いてしまうため，相手の視線と反対方向には反応できない状態になる。その瞬間，攻撃の選手は逆をついて，つまり，視線とは反対の方向である左側に守備側の選手出し抜いて進むことができる。他にも，視線に関連したテクニックがある。たとえば，視線の向いていない方向へパスするなど相手が予測できないため，攻撃側は守備側に対してアドバンテージを有することになる。

　もちろん，高度なテクニックが要求されることになるが。（永井）

間の相対位置関係をとらえることが難しい，つまり顔全体をとらえた処理が難しく，それぞれのパーツだけを考慮した処理しか行われず，正立顔では顔全体をとらえた処理ができると考えられてきた。すなわち，正立顔と倒立顔とでは，質的に異なる処理を行っていると考えられてきたのである。

ところがこのような考え方に反する研究成果が最近報告された。セクゥラーら（Sekuler et al., 2004）は近年開発された特殊な実験方法により，個人の顔を見分けるとき，正立顔と倒立顔で顔のどの部分を使っているかを詳細に調べた。もし正立顔と倒立顔で質的に異なる処理が行われ認知されているのであれば，正立顔と倒立顔で異なる顔の部分が使われていると予測された。実験の結果，正立顔でも倒立顔でも，目および眉毛という「同じ」部分が使われていることが明らかになった（図1-6）。また，認知に使われている部分は同じで

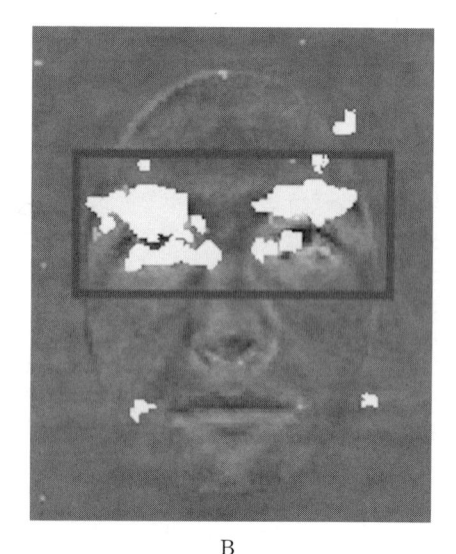

図1-6　セクゥラーらの実験

▶A図にあるような2つの顔のどちらが提示されたかを答えるとき，顔のどの部分を使っているかを，正立顔，倒立顔で詳細に調べた。B図は実験結果で，顔を弁別するときに使われる領域（白抜き部分）は正立顔，倒立顔の差がなく，正立，倒立にかかわらず，目と眉毛という限定された部分を用い，類似の処理を行っていることが明らかとなった。

も，倒立顔の場合，処理効率が落ちていることもわかった。すなわち，正立顔と倒立顔で質的に異なる処理が行われているのではなく，同様の処理が行われているが，倒立顔では効率が悪いために認知が困難になることがわかったのである。

2．脳と視覚情報処理

（1） 大脳機能局在

図1-7は人間の脳を示している。大脳皮質は大まかに前頭葉，頭頂葉，側頭葉，後頭葉の4つの領域に区切られる。各領域内でさらに細分化され，それぞれの領域が独自の機能をもっていると考えられる。このことを**大脳機能局在**という。人間の視覚情報処理システムは，色，形，動きなどの視覚属性を独立に扱うことを述べたが，これらの機能は図1-7に示されたような場所で処理されていることがわかっている。

（2） "なに"経路と"どこ"経路

視覚に関連した脳領域ではさまざまな情報処理の流れ，経路が存在するが，その中の代表的なものに"なに"経路（**腹側経路**）と"どこ"経路（**背側経**

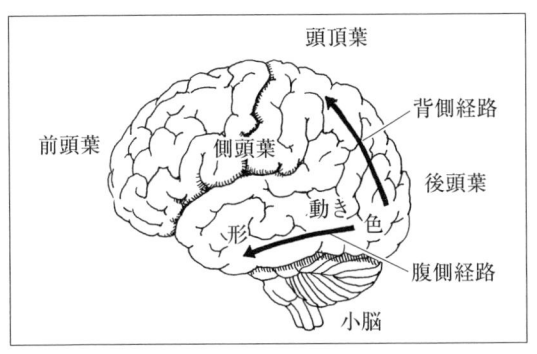

図1-7　脳と情報処理

路）がある。"なに"経路は見ている物体が「なにであるか」を理解するための情報処理を行う経路である。これに対し，"どこ"経路はその物体が「どこにあるか」を理解するための経路である。このように機能の異なる処理経路の存在は，特定の処理経路だけに脳の障害を受けた人々の行動観察からわかってきた。

（3） "なに"経路，"どこ"経路の障害

　"なに"経路が障害を受けたとき，どのようなことが起こるか。このような患者は自分の視界に入っているものが「なにであるか」を処理することができない。たとえば，大きさがさまざまな立方体のブロックを見せられたとき，その大きさを識別することはできない。しかしながら，ブロックに手を伸ばしてつかむように促すと，親指と人差し指をブロックの大きさに対応して正確にひろげ，つかむことができる。すなわち，この患者は意識的に物体を知覚することはできないにもかかわらず，手で正しくつかむことができたのである。これに対して，"どこ"経路が障害された場合，物体の大きさは正しく知覚できるし，その物体が何であるかを正確に報告することができる。しかしながら，つかむ対象である物体の大きさと親指と人差し指の間隔が対応せず，物体をつかむことがひどくぎこちなくなる。つまり，"なに"経路は「意識的に」物体が何かを知覚することに関連し，"どこ"経路は「無意識に」行われる行動・運動の制御に関連している。

（4） 意識と"どこ"経路，"なに"経路

　図1-8は，エビングハウス錯視として知られる図形である。注目すべきは，左右それぞれの中心に位置する円である。2つの中心円を比べたとき，左の中心円は右の中心円よりも大きく「見える」。しかしながら，実際の大きさを定規で測ってみると，2つの中心円は全く同じ大きさであることがわかる。このように私たちの見ている世界は物理的世界と異なる。

　"なに"経路は意識的な経路で，物体が何であるかを知覚するための処理経

コラム 3：音が見える？
―視覚と聴覚との交互作用―

　本章では視覚情報処理に焦点を当てているが，視覚と他感覚との相互作用について紹介する。みなさんは，**共感覚**（synesthesia）をもつ人たちが存在することを知っているだろうか？　正常な人では，「ふつう」眼から入力された情報は見るという感覚，知覚を引き起こし，耳から入力された情報は聞こえるという感覚，知覚を引き起こし，舌から入力された情報は味という感覚，知覚を引き起こす。しかしながら，共感覚者では，耳から入力された情報が聞こえるだけでなく，色として見えたり，舌から入力された情報が味として感じられるだけでなく，形として見えたりするのである。つまり，ひとつの感覚入力が2つの異なる感覚，知覚を引き起こすのである。

　音が「見える」などというのは，ここに紹介した一種特別な人にだけ生じる現象である。ただ，健常者であっても，視覚刺激の見え方に聴覚刺激が影響することがある。シャムスら（Shams, Kamitani, & Shimojo, 2002）は光点を提示する間に，短い間隔で「ピッ，ピッ」とビープ音を2回連続して提示する場合，1回だけ提示する場合とでどのように光点が見えるかを調べた。このとき，1回ビープ音を提示する場合には光点が1回光るのが見えた。これは当たり前である。しかし，2回ビープを提示する場合には光点が2回点滅するのが見えたのである。ここで報告されていることは「共感覚」ではないが，見える内容が聞こえる内容に影響されるという点では非常に興味深いといえよう。（永井）

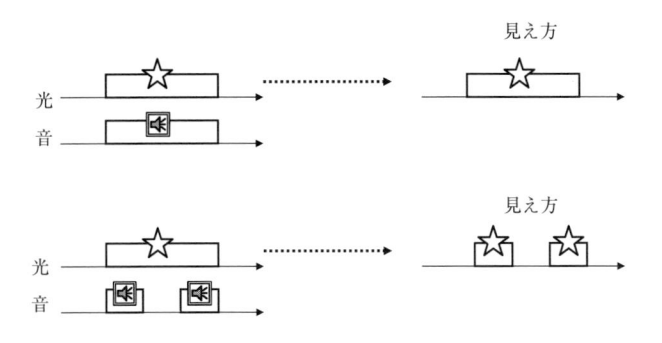

図1-8　エビングハウス錯視

路である。エビングハウス錯視の例から，この意識的な"なに"経路は錯視の影響を受けることがわかる。ハフェンデンら（Haffenden et al., 2001）はつかむ行動，すなわち，"どこ"経路が錯視の影響を受けるか否かを実験によって調べた。エビングハウスの錯視図形は見えるが，自身の手が見えないような特殊な装置を用意し，中心円をつかむように被験者に要求し，つかむ前の親指と人差し指の間隔を調べた。実験の結果，指の間隔は錯視の影響を受けないことがわかった。すなわち，中心円が大きく見えようが，小さく見えようが，指の間隔は物理的な大きさに対応していることがわかった。"どこ"経路は錯視にだまされずに，行動・運動を正確に制御することに寄与しているのである。

3．文化と知覚・認知

（1）　あなたとわたし，見えている世界は同じ？

「あなたとわたし，同じように世界は見えるのだろうか，それとも違って見えるのだろうか？」

　1940年代に提唱されたニュールック心理学という研究の流れによって，人間の知覚・認知が対象の物理的な特性だけでなく，対象の社会的価値，意味などによって影響されることが明らかになった。たとえば，経済状態の良くない家庭の子どもはそうでない子どもよりもコインの大きさを大きく知覚するという

（2） 文化の影響

　北山ら（Kitayama et al., 2003）は正方形の中に線分を提示し，線分の「絶対的な長さ」および「正方形に対する相対的な長さ」を答えさせる課題を日本人とアメリカ人の被験者に行わせた（図1-9参照）。実験ではまず正方形（1辺＝9 cm）と線分（3 cm）が描かれた用紙を見せた（記銘刺激）。その後，記銘刺激と同じ大きさ，より小さい，あるいはより大きい正方形が描かれた用紙が与えられた。絶対長さ課題では正方形の大きさを無視して，記銘刺激と同じ線分（3 cm）の長さを描くように求められた。相対長さ課題では正方形の大きさにかかわらず，正方形の大きさと線分の長さの比率を記銘刺激と同じにして（正方形の3分の1の長さの線分）描くように要求された。

　実験の結果，日本人は相対長さ課題の成績が良く，アメリカ人は絶対長さ課題の成績が良いことがわかった。絶対長さ課題を行うときには，線分の長さだけに集中し正確に記銘する，すなわち，正方形を無視するのが適切な方略と思

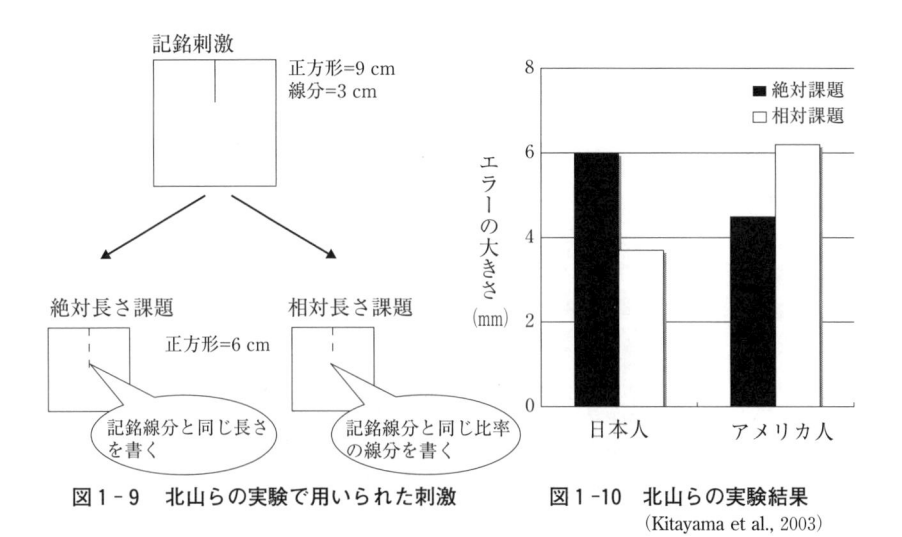

図1-9　北山らの実験で用いられた刺激

図1-10　北山らの実験結果
（Kitayama et al., 2003）

コラム４：不思議な図形①

⟨ヘルマン格子⟩

　物理的には，黒い正方形が，一定の間隔をあけ，規則正しく配列されている図である。しかし，図全体をぼんやりと眺めると，白線が交差する箇所に，灰色の斑点が見えてくる。さらに，その点を凝視すると，灰色の斑点は見えなくなる。

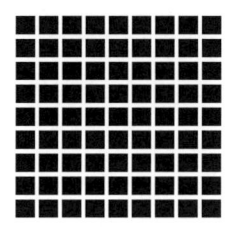

⟨カニッツァの主観的輪郭線⟩

　この図をぼんやり眺めていると，中央に，白い正三角形が浮かんで見えてくる。

⟨ルビンの盃⟩

　この２つの図を見たとき，まず，何が見えるだろうか。黒い箇所に注目すれば，人が向かい合っているように見える。白い箇所に注目すれば，盃に見える。通常，図全体に占める白の割合が小さい左図では盃が見え，図全体に占める黒の割合が大きい右図では人が向かい合っているように見える。（加藤）

コラム5：不思議な図形②

〈ツェルナーの錯視〉

　縦の線分は，すべて物理的に平行である。しかし……。

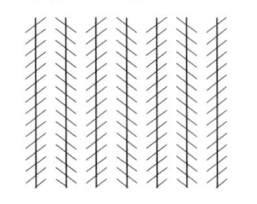

〈ミュラー・リヤーの錯視〉

　上下の図ともに，物理的な主線の長さと副線の長さは同一である。しかし，副線の方が長く見える。また，線分の両端についている矢羽のような2本の線分の角度が異なると，錯視量（長く見える程度）も異なる。

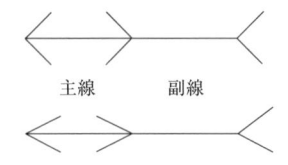

主線　　　副線

〈ヘリングの錯視〉

　長方形の中に引かれている2本の線分は物理的に平行であるが，2本ともに外側に向ってふくらんでいる曲線のように見える。

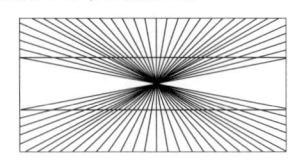

〈ポッケンドルフの錯視〉

　長方形の図の裏側に線分が伸びている様子を想像しよう。実際に，長方形の図を取り除くと，線分は，一直線上に重なり合っている。しかし，線分が重なり合っているようには見えない。(加藤)

われる。アメリカ人は線分のみに集中し，文脈を無視する傾向があるため，絶対長さ判断が得意なのだと解釈される。これに対し，相対的長さ課題では線分の長さだけではなく，正方形の大きさを把握した上での相対的判断が重要である（図1-10参照）。

別の研究では，飛行機や動物などの主だった物体ひとつが，背景上に存在する写真を中国人とアメリカ人に見せて，彼らの視線の移動に違いがあるかどうかを調べた。実験の結果から，アメリカ人は中国人に比べて主だった物体を見る回数が多く，また物体に視線を向けている時間も長い傾向があった。逆に，中国人はアメリカ人よりも背景を見る回数が多く，背景に視線を向けている時間も長いことがわかった。

このように，属する文化によって視覚情報処理スタイルが異なる原因については，次のように推察されている。日本や中国などの東アジアの文化には個人が他人や自己の属する社会と相互に依存，調和しながら生活する習慣がある。このような文化圏の人々は自分と周囲の人々との関係，またその状況での文脈に注意をはらう必要があるため，視覚情報処理スタイルにおいて文脈情報を考慮し相対課題が得意であったり，視線が周囲情報に向くのである。これに対して，北米文化では周囲と独立して，個々を重視する個人主義的な傾向があるため，文脈情報に注意をはらう必要があまりない。そのため，文脈を無視することで有利になる絶対課題が得意であったり，視線が周囲に向かないという視覚情報処理スタイルになるものと考えられている。

（3） アメリカに住むとアメリカ人的見方になる

面白いことに，数ヵ月以上アメリカに滞在している日本人は相対判断が良いという日本人の特徴的な傾向が消失し（つまり，アメリカ人の認知傾向に近づき），数ヵ月日本に滞在しているアメリカ人は日本人のように相対判断の成績の方が良くなることも知られる。すなわち，自身が生まれ育った文化が認知・知覚スタイルに影響するだけでなく，生活している文化によっても認知・知覚スタイルが変化することが示されたわけである。

考え方や習慣が生活する国の文化，環境によって変化するのは当然と疑うことはないが，視覚情報処理の行い方まで変わるとは驚くばかりである。

第 2 章　記　憶

　みなさんは自分自身の記憶力を良い方だと思っているだろうか，それとも悪い方だと思っているだろうか。筆者の主観ではあるが，自分自身の記憶力は悪い，または決して良い方ではない，と過小評価している人も多いのではないだろうか。一生懸命覚えたつもりでも，翌日の定期試験で答えられなかったとか，約束事をすっかり忘れてしまうなど，記憶にまつわる失敗話はとても身近である。そして，失敗を経験すると人は「どうすれば，記憶力をアップさせることができるのだろうか」と思う。本章では，人間の記憶のメカニズムとはどのようなものかということを通して，この疑問を解くヒントを提示する。

　記憶力アップについて触れる前に，記憶力が悪いということについて，少し考えてみよう。記憶力が悪いという場合，具体的には何が記憶力を悪くしているのだろうか。まず，考えられることは，覚え方が悪いために記憶力が悪くなるというケースである。覚えることを記憶研究では**符号化（記銘）**という。そこで，まずは符号化に焦点をあてる。しかし，有効な符号化が実現されても，思い出す段階で失敗するかもしれない。思い出すことを**検索（想起）**という。そこで，検索からも記憶力アップのヒントを探る。なお，記憶研究では，記憶を符号化，保持，検索の3段階に分けることが多い（図2-1）。符号化された情報を頭の中で維持することを**保持（貯蔵）**といい，符号化と検索をつなぐ重要な役割を果たしている。

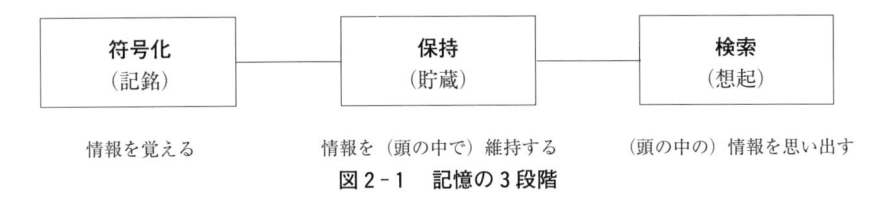

```
符号化          保持          検索
(記銘)         (貯蔵)        (想起)

情報を覚える   情報を（頭の中で）維持する   （頭の中の）情報を思い出す
```

図2-1　記憶の3段階

1．記憶のしくみ

（1）感覚記憶と注意

　視覚情報を例にあげると，講義中に学生が見えているものには黒板や教員，前に座っている人の頭，机，教卓など，視界に入っているものすべてが含まれる。これらのすべての情報は，いったん**感覚記憶**とよばれる脳の中の"箱"に入力される。感覚記憶では，常に瞬間ごとの新しい情報が入力・更新される。しかし，新しい情報ばかりを入力していたのでは，どれほど大きい箱であっても間に合わない。そのため，前に入力された情報は，すぐ捨てられるようになっている（感覚記憶内の視覚情報は，せいぜい1秒程度である）。また，入力される情報は常に膨大な量であるが，感覚記憶にはそれらを処理する機能は持ち合わせていない。そこで**注意**（第1章参照）の機能が必要となる。注意は感覚記憶内にある膨大な情報のうち，必要な情報（黒板に書かれている文字）のみを短期記憶に送るという機能を担っている。そして，それ以外の大半の情報（黒板そのものや前の人の頭，机，教卓など）は捨てられてしまう。

（2）短期記憶

　感覚記憶から注意を受けた情報は，**短期記憶**という第2の箱に転送される。感覚記憶が膨大な情報を一度に収容できるのに対し，短期記憶が一度に収容できる情報量には限界がある。その容量は，**7±2チャンク**であることが知られている。チャンクとは，まとまりをもった情報を表す単位である。たとえば，

見慣れない12桁の数であれば，数字1つひとつを覚えなければならない。この場合，数字ひとつが情報となるので，12チャンクということになる。これは7±2チャンクを超えているため，一度聞いて覚えるのは難しいかもしれない。しかし，この12桁のうち，一部に「4649」という配列があれば，その4桁を「よろしく（夜露死苦）」とひとまとめにすることができる。すると，今度はこの4桁分が1チャンクということになり，短期記憶内に収容できるようになる。

短期記憶内の情報は，時間が経ったり新しい情報が入力されたりすることで捨てられてしまう。ある研究では，触覚的な情報の場合，せいぜい10秒程度が限界，嗅覚的な情報の場合だと，30秒以上，保持されるという研究例もある。文字などの音韻的(おんいんてき)な情報では，**維持リハーサル**を行うことで，短期記憶内に情報をとどめておくことが可能となる。維持リハーサルとは，頭の中や口頭で何度も同じ情報を繰り返すことである。たとえば，電話番号を忘れないために，何度も声に出すなどの努力をすることである。維持リハーサルは，それを続けている間は情報を短期記憶の中に留まらせることができるが，止めてしまうと，その情報は捨てられてしまう可能性が高くなる。

（3） 長 期 記 憶

「794年に平安京建都」を効率よく覚えるためにはどうすればいいだろうか。もしかしたら，何度も「794年に平安京建都，794年に平安京建都……」とブツブツ呪文のように唱えることが効率的だと思う人もいるかもしれない。しかし，この方法は先ほど述べた維持リハーサルを行っているに過ぎない。唱えるのを止めてしまえば，忘れてしまう可能性は高い。それよりは，「『ナクヨ』うぐいす平安京」と語呂合わせで覚える方が，忘れてしまう可能性は低くなる。語呂合わせは，比較的リズミカルで親しみやすく，794年と平安京建都がペアであることが強調されたフレーズであるため，他の歴史事項や年代と混乱することなく記憶される。また，この語呂合わせに引っ掛けた独自のイメージを膨らませて覚える人もいるかもしれない。たとえば，見たこともない平安京を思

い浮かべ，そこにウグイスが鳴いている様子をイメージするかもしれない。

　語呂合わせに代表される，覚える際の一工夫，あるいはそのための技術を記憶術といい，古くは古代ギリシア時代から，どのようにすればより効果的に記憶できるかが議論されてきた。現在ではこうした一工夫のことを**精緻化リハーサル**，あるいは単に精緻化とよばれる。なお，記憶術と精緻化は同一ではない。記憶術は覚えるための技を強調しているのに対し，精緻化はそうした工夫による記憶の促進と記憶のメカニズムの関係に関心があるからである。

　精緻化された情報は**長期記憶**に転送される。長期記憶は第3の箱といえるが，これまでの2つの箱とは性質が異なっている。長期記憶は，箱とはいえ，その容量には限界がない。また，長期記憶に入力された情報は捨てられることはなく，半永久的に貯蔵されると考えられている。

　長期記憶は**手続き的記憶**と**宣言的記憶**に大別することができる。手続き的記憶とは，体で覚える技術や運動といった種類の記憶である。たとえば，自動車の運転ができる，ピアノが弾ける，といったことが手続き的記憶に相当する。また，こうした技術の獲得には，基本的に言葉や記号を必要としない。「習うより慣れよ」ということわざがあるが，このうちの「慣れ」は，手続き的記憶を言い表している。一方，言葉や記号で表現される記憶が宣言的記憶である。先ほどのことわざでは「習う」に相当するといえる。宣言的記憶はさらに2種類に分類される。後述するエピソード記憶と意味記憶である。記憶のしくみを図式化すると図2-2のようになる。

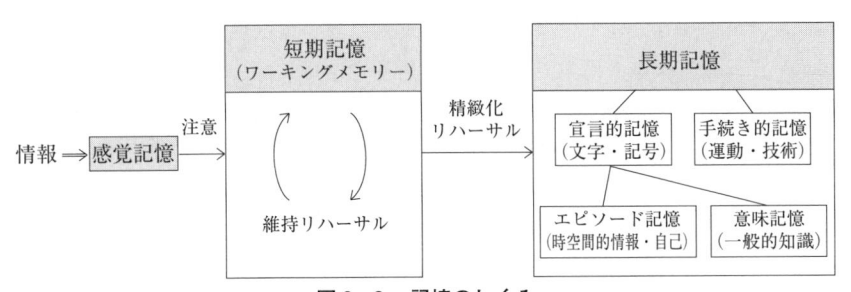

図2-2　記憶のしくみ

2. 符 号 化

（1） 体 制 化

　多くの情報を覚えなければならないとき，私たちはそれらをまとめて覚えようとする。とくに，私たちは関連する内容をまとめて覚えようとする。また，無関連な内容であっても，奇妙なストーリーを作ったり頭文字をつなげたりして，無理やりまとめて覚えようとする。これらを**体制化**という。この方法は非常に有効であるが，必ずしも完全ではない。なぜだろうか。体制化を利用するということは，個々の情報（たとえば，ガメラやキングギドラ）を，ある基準（たとえば，怪獣）に従ってまとめることを意味する。そうすることで，符号化の負担を減らすわけである。しかし，このことは，その基準に適合する情報であれば，実際には符号化されなかった情報（たとえば，モスラ）であっても，それを誤って"思い出して"しまう可能性がある。だから，完全とはいえないのである。

（2） 示差的処理

　体制化のように，情報をまとめるのではなく，覚えるべき情報１つひとつに独自な符号化を行う方法がある。このような符号化の仕方を**示差的処理**という。先の例でいえば，「ガメラは巨大なカメ型怪獣である」や「キングギドラは３頭で火を吹く」といった具合である。そうすると，仮にモスラが検索されても，それは巨大蛾の幼虫であり，覚えたものの中にそのような特徴をもった情報は含まれないと判断される。そのため，誤って思い出す可能性は低くなる。

　示差的処理は，精緻化のひとつに位置づけられる。誤った検索を防止するだけでなく，長期記憶に情報を転送するための方法としても有効である。

（3） 体制化と示差的処理

　体制化と示差的処理，この2つの符号化の方法を組み合わせることで，記憶力が高まることが知られている。アインシュタインとハント（Einstein & Hunt, 1981）は，比較的よく使う単語をいくつも用意し，これを被験者にさまざまな方法で符号化させるという実験を行った。ただし，被験者にはあらかじめ記憶の実験であるとは伝えられなかった。その代わり，ある被験者には，ある基準に従って，単語を分類させる課題が与えられた（体制化群）。また，別の被験者には，ある基準に従って，単語1つひとつを評定させる課題が与えられた（示差的処理群）。さらに別の被験者には，単語を分類させる課題および，単語1つひとつを評定させる課題の2つの課題が与えられた（体制化・示差的処理群）。課題終了後，3群とも，単語の再生テストを行った。表2-1の数値は，記憶成績（再生率）を表している。高い数値ほど成績が優れていることを意味している。表から，体制化・示差的処理群の再生率（72%）が最も高いことがわかる。すなわち，体制化群（53%）や示差的処理群（53%）の再生率よりも体制化と示差的処理を組み合わせることで，記憶力が高くなるのである。

表2-1　アインシュタインとハントの記憶再生率（%）
(Einstein & Hunt, 1980　実験1より一部抜粋)

分類課題 （体制化群）	評定課題 （示差的処理群）	分類＋評定課題 （体制化・示差的処理群）
53	53	72

3．保　　持

　符号化から検索までの時間が長くなると忘れてしまう可能性が高くなることはよく知られている。**エビングハウス**（Ebbinghaus, H.）の**忘却曲線**はこのこ

コラム6："組み合わせ"の記憶

　コンパで、"やまださゆり"さんと"すずきはなこ"さんと知り合ったとしよう。自分好みのやまださんからメールアドレスを教えてもらい、後日、デートの約束を取りつけるために、メールを送るとする。そのとき、「やまだはなこさんへ」と書き出すと、「よりによって、はなこと間違えるなんて、なんて失礼な！」ということになり、フラれてしまうかもしれない。そんな失敗は絶対にしない、と言われそうだが、実際に、ある情報とある情報を間違って結びつけてしまうことはよくある。そうした間違いは、時には重大な問題を引き起こす。

　百人一首大会で上の句と下の句を間違って結びつけていても、お手つき程度で済むし、時報を聞こうとして177にダイヤルするというのもご愛嬌だが、取引先の社員の顔と名前の組み合わせを間違えると、商談に影響があるかもしれない。また、誰か別の人の誕生日なのに、恋人に"お誕生日おめでとうメール"を送ると、その後の2人の関係はギクシャクするかもしれない。こうした"組み合わせ"に関する間違いは、事柄（出来事）そのものは保持されていても、それら同士が正しく結びつけられていなければ、記憶として不十分である、ということを示している。

　組み合わせの記憶研究は、学習理論が心理学の中心であった頃に、その源を見つけることができる。その後、認知心理学（人間の心を精巧なコンピュータとみなし、そのしくみである情報処理過程を解明することを目的とする心理学の一領域）が心理学界に大きな影響を与えるようになると、そうした情報「間」に関する研究よりも、事象を直接的に表している、単語や記号を使った研究が多くなった。もちろん、認知心理学でも重要な、体制化（情報同士をまとめて覚えること）や、スキーマ（ある事態を理解するための知識の集まり）といった概念は、"組み合わせ"の記憶を扱っているといえるが、具体的に、AとBの組み合わせに関する記憶をテーマとした研究は決して多くはない。（平野）

とを示した最も有名な例である（図2-3）。エビングハウスの忘却曲線によると，完全に覚えた無意味つづりでも，20分程度でその保持される情報量はほぼ半減する（58％に減少）。ただし，その後は急速に忘却することはなく，31日後でも，20％程度は保持されている。もっとも，この曲線は非常に厳密な統制条件下で行なわれた実験による結果であり，覚える内容も無意味つづりとよばれる，意味をなさない3文字の子音からなる文字系列である。そのため，日常的に私たちが経験するような忘却と直接比較することはできないかもしれない。実際，**フラッシュバルブメモリ**とよばれる，一度の出来事であっても，鮮明に思い出すことができるような経験をすることがある。

（1） エピソード記憶

個人がある特定の時間と場所で経験した具体的な出来事に関する記憶のことを**エピソード記憶**という。たとえば，「昨日デートで遊園地に行った」や「小学校1年生のときの担任は○○先生である」といったことである。フラッシュバルブメモリ（コラム7参照）もエピソード記憶のひとつといえる。この場合，記憶されている記憶内容が具体的で鮮明であり，かつ，長期にわたってその記憶が色あせないところにその特徴がある。

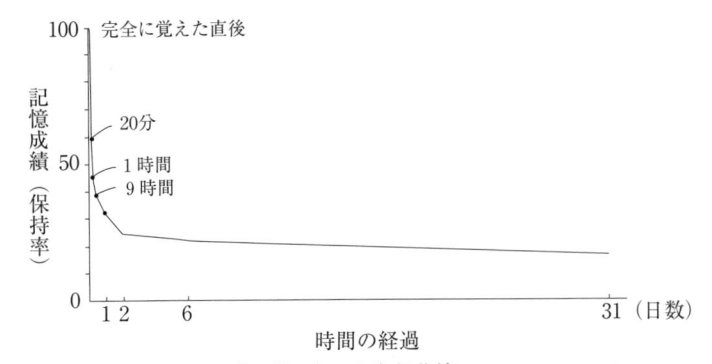

図2-3　エビングハウスの忘却曲線（Ebbinghaus, 1885）

（2） 意味記憶

　私たちが保持している情報は個人的なものばかりではない。「思い出」に代表されるエピソード記憶は個人に特化した記憶といえるが，それ以外に誰もが共通してもっている記憶もある。たとえば，「赤信号は止まれという意味である」や，「西暦794年に平安京建都」「犬は四つ足の動物である」などである。こうした情報は，主に学校や家庭での勉学を通して記憶される種類のもので，**意味記憶**とよばれる。意味記憶は一般的知識と言い換えるとよりわかりやすいかもしれない。そうした知識は，頭の中で，意味的（あるいは音韻的）に関連するもの同士がつながり合って，ネットワークを形成していると考えられている。

4．検　索

（1） さまざまな検索

　人は，覚えられないと感じるときよりも，覚えたはずの情報が思い出せないときの方が，記憶力が悪いと判断しがちではないだろうか。しかし，その判断は必ずしも正しくはない。というのも，一口で"思い出す"といっても，思い出し方によって，思い出せたり，思い出せなかったりするからである。いくつか例をあげてみよう。たとえば，「アメリカの初代大統領の名前は？」という問題に対して，ヒントなしで答える場合（再生テスト）と，"ワ"から始まる5文字」というヒントが与えられる場合（手がかり再生テスト），それに，「『アメリカの初代大統領の名前はワシントンである』は正しいか間違いか」という場合（再認テスト）では，正答率は異なる。一般的には，最後の問題形式，すなわち再認テストの正答率が最も高い。これを学校のテスト場面にあてはめると，同じ問題でも，書き込み式よりも選択式の方が正答率はよくなるということになる。

コラム7：フラッシュバルブメモリ

　2001年9月11日に，ハイジャックされた民間機による世界貿易センタービル，およびアメリカ国防省攻撃という事件を，みなさんはいつ，どこで，どのような状況で知ったか，覚えているだろうか。このような，衝撃的で，重大で，感情が揺さぶられるような予期せぬ出来事について，それをいつ，どこで最初に知ったのか，といった状況に関する記憶に関心をもっている研究者がいる。こうした記憶は，それ以外の記憶と違い，非常に鮮明で，細かいところまでよく覚えており，かつ，いつまでも忘れない，というのが最大の特徴である。こうした特徴から，フラッシュバルブメモリとよばれている。

　フラッシュバルブメモリという語は，ブラウンとクーリク（Brown & Kulik, 1977）の研究以降，記憶研究者の間で知られるようになった。ブラウンとクーリクは，1963年11月22日に起こったケネディ大統領暗殺事件をテーマに，それを初めて知ったときの状況に関して，どれくらい覚えているかを調べた。その結果，事件後，10年もの歳月が過ぎた後にもかかわらず，調査に協力した80人のうち，実に79人が，初めてその事件を知ったときの状況を非常に詳しく覚えていると報告した。この結果を受け，ブラウンとクーリクは，非常にインパクトの強い出来事に対しては，それ専用の符号化のメカニズムがあるのでは，と考えた。

　ところが，それに反対する立場が現れた。ナイサーとハーシュ（Neisser & Harsch, 1992）は，「フラッシュバルブなんてものは単なる幻想に過ぎず，普通の記憶と何ら変わらない」と断じた。ナイサーとハーシュは，1986年1月28日に起きた，スペースシャトル「チャレンジャー」の爆発事故をテーマに，調査を行った。すると，事故直後に聴取した内容と，数年後同じ人に同じ質問したときに得た内容に，不一致な点が多く見られたのである。さらに，ナイサーとハーシュは，こうした記憶は何年も色あせないといわれているが，それは，自分自身が何をしていたか，人に語るなどすることでリハーサルが過剰に行われたためであり，しかもその間に記憶はどんどん書き換わってしまっていると述べた。

　その後も，多くのフラッシュバルブメモリに関する研究が行われているが，本当に特殊な記憶なのか，それとも過剰なリハーサルと再構成によるものか，明確な答えは出ていないようである。（平野）

次のような記憶実験を行ったとしよう。ある何人かにはタヌキ，ツクエ，ミカンなどよく知っている単語を覚えさせる（単語群）。一方，別の何人かには，エヘロ，コメヌ，レテケなど全く意味を成さない，いわゆる無意味つづりを覚えさせる（無意味つづり群）。その後，再生テストを行う。この場合，どちらの群の記憶成績が良いだろうか。当然のことだが，単語群の方が記憶成績は良い。では，ひとつずつ語を見せて，「これはさっき覚えた語ですか，それとも違いますか」と聞く，再認テストの場合はどうだろうか。再認テストでは，無意味つづり群の成績が良くなる。これを，語の頻度効果という。このことから，記憶力というのは，符号化と検索の"相性の良さ"に依存するといえる。

（2） 符号化と検索の相性

　符号化と検索の「相性の良さ」が記憶成績に促進効果をもつことを示した実験のひとつに，ハーツ（Herz, 1997）の実験がある（図2-4参照）。この実験では，被験者の半分はペパーミントの香りを充満した部屋へ，半分は香りのない実験室に入れさせられた。どちらの部屋も，16個の単語が提示され，被験者はそれぞれの単語に対し，単純な文を作ることが求められた。2日後，香りのない部屋に入った被験者のうちの半分は，同じように香りのない部屋に再度入り，もう半分はペパーミントの部屋に入った。また，ペパーミントの部屋に入っていた被験者も，半分は香りのない部屋に，もう半分は再度ペパーミントの部屋に入った。そこで，被験者は，2日前に提示された16個の単語を再生することが求められた。実験の結果，文の作成と再生の両方をペパーミントの部屋で行った被験者の再生成績が最も良く，他の3条件間には違いが見られなかった（図2-5）。

　この実験は符号化（文の作成）のときの状況と検索（再生）のときの状況が似ているほど，さらにはその状況が特殊であるほど，記憶成績が良くなることを示している。状況の類似性を「相性の良さ」というなら，符号化と検索の相性は，良ければ良いほど記憶成績を促進するといえる。このことは，普段，講

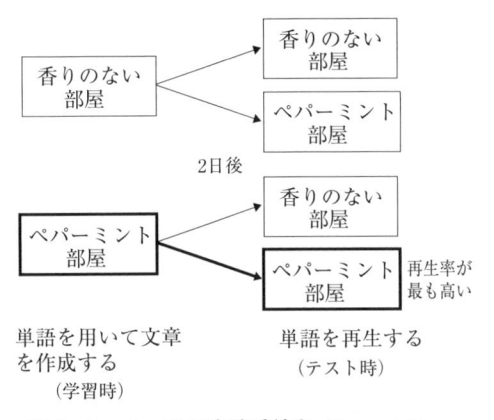

図2-4 ハーツの実験手続き (Herz, 1997；編集者による作図)

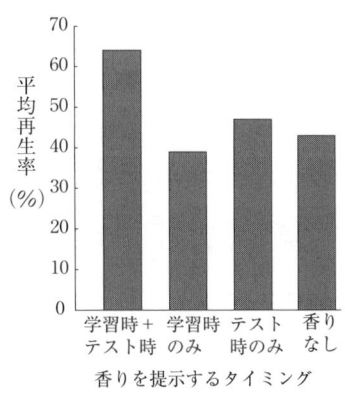

図2-5 符号化時と検索時でのペパーミントの香りの有無による記憶成績 (Herz, 1997)

義を受けている教室で試験を受ける場合と，試験の日だけ違う部屋に移動する場合では，同じように試験対策をしても，成績が異なる可能性を示唆している。

5．記憶を抑制する

　すべてを記憶することが，必ずしもいいわけではない。昭和の時代にヒットした曲のひとつに，その歌い出し部分で，「忘れてしまいたいことが，今の私には多すぎる」というのがあるが，嫌なことを忘れ，楽しい思い出ばかりが残せれば，どれほどハッピーな人生が送れるだろう，と思う気持ちは，今も昔も変わらない願望ではないだろうか。
　近代の記憶研究の始まりは，エビングハウスの『記憶について』という書物が刊行された1885年というのが一般的である。エビングハウスは，自分自身を被験者として，忘却率について調べた。このことからもわかるように，記憶研究120年の歴史において，忘却というのは最も古いテーマといえる。エビングハウス以降，忘却に関する多くの研究が重ねられてきたが，その中で，時間経

過に伴って自然と消えてなくなっていくとする**減衰説**と，他の情報を覚えていくために，前の情報が「上書き」されるとする**干渉説**の対立構造が論争の的となっていた。

（1）「忘れろ」と言われると忘れられるのか

1970年代に入って，ビヨーク夫妻（Bjork, R.A. & Bjork, E.L.）を中心とする研究グループが，検索時の抑制から忘却を説明しようと試みた。研究グループの1人であるガイゼルマンら（Geiselman et al., 1983）は，**指示忘却**とよばれる手法を用いた（図2-6）。

まず，いくつかの単語から構成されるリストを2つ用意した。そして，ある被験者（忘却群）には，リストAを覚えさせた後，「今のは練習ですから，忘れてください。次が本番ですから，そちらに集中してください」と伝えた。また，別の被験者（記銘群）には，リストAを覚えさせた後，「今ので前半終了です。残り，リストBがありますので，続けて覚えてください」と伝えた。その後，どちらの被験者に対しても，「リストAもリストBもどちらも再生してください」と教示した。図2-7は実験の結果を示している。これによると，忘れるように言われた忘却群のリストAの記憶成績は，どちらのリストも覚えておくように言われた記銘群のリストAの記憶成績よりも悪いことがわかる。つまり，「忘れろ」と言われると，文字通り忘れることができるという結果が得られた。こうした指示忘却に関する日常例として，陪審制を導入している裁判の場をあげることができる。裁判官に「今の弁護側からの証言は忘れて（無視して）下さい」と言われた陪審員は，その証言はなかったものとして扱わなければならない。指示忘却の研究に従えば，この裁判官からの一言は有効に作用するといえるかもしれない。

一方，再生テストではなく，再認テストの結果はどうであろうか。ビヨーク夫妻の再認テストの結果では，リストAの記憶成績は，忘却群と記銘群との間に違いは見られない。このことは，「忘れろ」と言われたからといって，本当に頭の中からリストAの単語が消えてなくなったわけではないことを示し

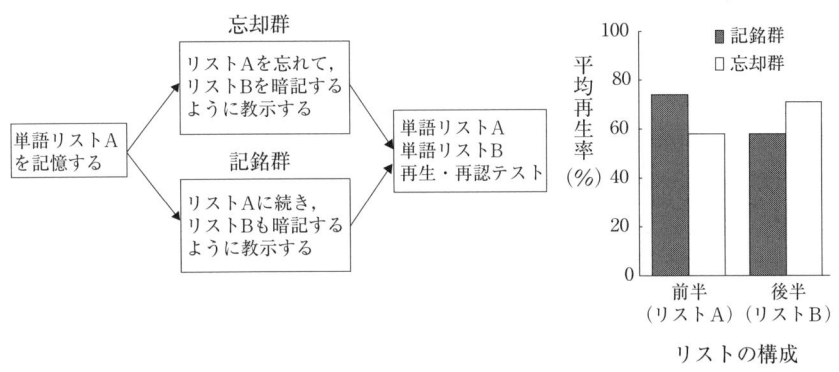

図2-6　指示忘却の実験手続き例
（編集者による作図）

図2-7　指示忘却実験の結果
（Geiselman et al., 1983）

ている。

　ビヨーク夫妻はこれらの結果について，リストAの単語は頭の中に残ってはいるものの，再生テストの時には「忘れろ」という指示によって抑制されたために，一見忘れてしまったように見える，と解釈している。一方，再認テストでは，抑制されていた単語が再度提示されたことで，その抑制が解除され，その結果，記憶成績に違いが見られなくなった，と考えている。（ただし，最近になって，検索時の抑制ではなく，符号化の違いという点から，この指示忘却を解釈している研究者もいる。）

（2）　思い出すと忘れてしまう?!

　ビヨーク夫妻の弟子のアンダーソンとその研究グループ（Levy & Anderson, 2002）は，1990年代半ばに**検索誘導性忘却**に関する実験を行った（図2-8参照）。この実験では，まず，いくつかのカテゴリーが用意される。ここでは話を簡単にするために，果物と動物に限定しよう。それぞれのカテゴリーには，それに属する単語がいくつか含まれている（果物：リンゴ・オレンジ，動物：ライオン・ゾウ）。被験者は，まずカテゴリー名とそれに属する単語をペアにして覚えるよう言われる（果物—リンゴ，動物—ゾウ）。その後，あるカテゴ

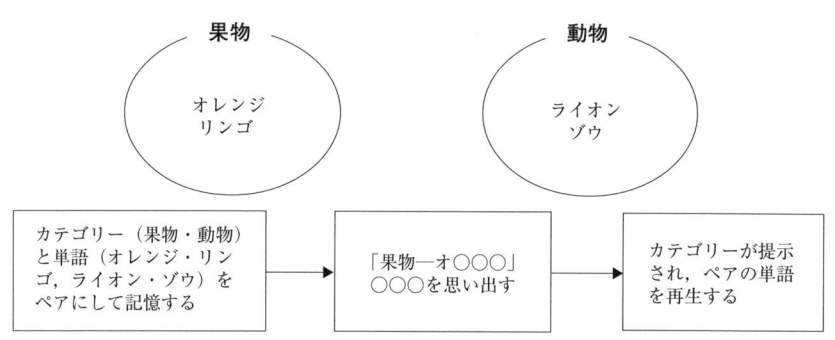

```
        果物                      動物
    ┌─────────┐              ┌─────────┐
    │ オレンジ │              │ ライオン │
    │  リンゴ  │              │   ゾウ   │
    └─────────┘              └─────────┘
```

┌──────────────┐   ┌──────────────┐   ┌──────────────┐
│カテゴリー(果物・動物)│   │「果物―オ○○○」│   │カテゴリーが提示│
│と単語(オレンジ・リ │ → │ ○○○を思い出す │ → │され, ペアの単語│
│ゴ, ライオン・ゾウ)を│   │   │   │を再生する   │
│ペアにして記憶する │   │   │   │   │
└──────────────┘   └──────────────┘   └──────────────┘

図 2-8　誘導性忘却の手続き例 (編集者による作図)

リーに属する半分の単語だけを思い出させる。このとき，カテゴリー名に加え単語の頭文字がヒントとして提示される（果物―オ○○○）。被験者はこの○○○にあてはまる語を思い出すことが求められる。これを検索経験とよぶことにする。なお，それ以外のカテゴリー（動物）や，同じ果物カテゴリーに属する別の単語（リンゴ）に関する検索経験は行われない。20分後，カテゴリー名のみをヒントとする手がかり再生テストが行われる。つまり，被験者には，果物というカテゴリー名を与えられ，それとペアにされていた単語を思い出させる。このような手続きを経て得られる典型的な結果は，検索経験をしていた単語（オレンジ）が最も多く思い出され，次に，検索経験をしなかったカテゴリー（動物）に属する単語（ライオン・ゾウ）が続く。そして，最も成績が悪くなるのが，検索経験用に割りあてられたカテゴリーのうち，検索経験をしなかった単語（リンゴ）であった。

　この結果で注目すべき点は，「ライオン・ゾウ」と「リンゴ」の記憶成績である。どちらも検索経験をしなかったにもかかわらず，「リンゴ」の記憶成績が悪い。同じカテゴリーである「オレンジ」は検索経験したため，「リンゴ」も思い出すことが可能であるように思える。しかし，実際には，ある情報を思い出すことで，それに関連する別の情報は忘れてしまう。アンダーソンは，この結果を次のように解釈している。検索経験のときに，果物というカテゴリーが提示されると，それに属する単語が頭の中で活性化される。しかし，果物

コラム8：名前が思い出せない!!

　ある有名人の写真を見て，「ほら，この人の名前，なんだっけな……。女性で，イギリスの首相だった人……「鉄の女」とも言われていた……」といった経験をしたことはないだろうか。名前の検索は，他の単語や名前以外の固有名詞以上に思い出せないことが多い。しかし，思い出せないといっても，その名前を全く知らないためとか，すっかり忘れてしまったため，というよりも，知っているのになぜか今思い出せない，という場合の方が多いように思われる。時には，最初の1文字を言ってもらえれば絶対に答えられる，ということもある。こうした状態を「舌の先まで出てきている現象」（TOT：Tip-of-the-tongue）という。こういう状態に陥ったときは，携帯メールなどでよく使われる，「悲しい」や「イライラする」といった意味を表す略字の通り，"TOT"な気分になる。

　なぜ，名前だけが思い出しにくいのだろうか。名前の記憶に関する研究は，ヨーロッパを中心に盛んであるが，イギリスのブルースとヤング（Bruce & Young, 1986）は，顔を見てからその人の名前を思い出すまでに，いくつかの段階（たとえば，知っている顔かどうかを確認する段階や，個人情報を確認する段階）を経ると仮定している。ブルースとヤングのモデルによると，名前はすべての段階をクリアした最後に処理されるという。クリアできない場合は，その後の処理が進まないため，名前も検索できないというわけである。

　こうした「段階説」に従うと，名前は思い出せるが，その人がどんな人かに関する個人情報はわからない，といったことは決して起こらないことになる。しかし，最近になって，そうした事態も起こりうる，という研究結果が発表されている。そうした中で，個人情報の処理と名前の処理は，どちらが先かといった段階ではなく，どちらも同時に処理されているとする「並行説」が提唱されている。これによると，個人情報も名前も同じ意味情報ユニットに含まれると仮定している。知っている顔を見ると，個人同定ユニットを介して，意味情報ユニットが活性化する。その中で，名前（ジョン・レノン）とその顔の結びつきは，他の情報（ビートルズ，イギリス人，イマジンなど）とのそれよりは弱いため，思い出しにくくなると考えている。段階説と並行説の論争は今も決着がついていないが，脳の活動を扱う神経科学の分野の研究と合わせてみると，並行説が有利のようである。（平野）

で，かつ「オ」から始まる4文字の単語のみを思い出せばよいため，それに該当しない単語は，積極的に抑制される。このような単語は，20分後の手がかり再生でもそのまま抑制されているため，記憶成績が悪くなるのである。

（3） 抑制研究の今後

　指示忘却（ビヨークらの実験）や検索誘導性忘却（アンダーソンらの実験）は，実験室でないと得られない，特殊な現象なのだろうか。実はそうではなく，このような経験は，日常的にも見られる。たとえば，前に紹介した，陪審員性を導入している裁判の場は，指示忘却と深いかかわりがある。また，買い物を頼まれたときに，メモ書きせずに買い物リストを頭の中に入れて出かけるとする。忘れないように，リストの内容を頭の中で繰り返しているうちに，いくつかが抜け落ちる。すると，抜け落ちたものが何だったか思い出せなくなる（検索誘導性忘却）。また，トランプの神経衰弱では，同じカードを連続してめくっているうちに，それ以外にどんなカードがどの位置にあったか，忘れてしまうことがあるが，これも検索誘導性忘却の例といえるかもしれない。

　また，私たちは不快な出来事については忘れてしまいたいという思いに駆られるが，記憶，感情，それに抑制は，そうした事態に直結するキーワードと考えることができる。不快な出来事がいつまでも記憶に残っている状態は非常にストレスであるし，その状態が続くと，場合によっては健康に害を及ぼすことすらある。それらを克服するためのひとつの手段として，不快な記憶を抑制することがあげられる。大きな事故，災害が後を絶たないが，そうした事態に巻き込まれた人々のケアという点からも，記憶の抑制研究はますます重要となるだろう。

第3章 学習

　地球上に暮らすほとんどすべての生物は，本能的行動や反射のように，たいていは生存に有利にはたらくいくつかの行動様式をあらかじめ備えて生まれてくる。しかし，それだけでは不十分で，変化に富んだ複雑な環境へ継続的に適応していくためには，新たな行動様式の獲得，すなわち学習が不可欠である。私たちが朝起きてから夜眠りにつくまでにとる行動のほとんどが，学習によって獲得されたものであるといっても過言ではない。本章では，学習の基礎的なメカニズムについて解説する。

1．学習心理学の基礎

(1) 学 習 と は

　心理学では，**学習**（learning）を，「経験によって生じる比較的永続的な行動の変化およびその過程」と定義している。ただし，発達や成熟，加齢によるものは含まず，疲労や動機づけ水準の変化あるいは薬物投与などによって生じる一過的な行動の変化も学習とはみなさない。身長が伸びたので高い棚の上のものが取れるようになったり，ふだんは寡黙な学生がアルコールによって饒舌になったりすることは学習ではない。また，学習というと，国語や数学の勉強や，パソコンの使い方をマスターするといった役に立つ知識や技術の習得をイメージしがちであるが，心理学では，不都合な行動の変化でも，それが経験に

よって生じたものなら学習であると考える。たとえば，電車事故に遭遇したことによって形成される電車恐怖症や，強迫性障害の患者が不安低減のために習慣化させてしまった過度の手洗いといった行動も学習の例である。

（2） 学習心理学の基本的な考え方

学習のメカニズムはひとつではない。複数のメカニズムが，階層的に，あるいは並列的に機能し，互いに影響しながら生活体の全体的な適応を支えている。下等な動物は，単純な学習しかなし得ないが，高等な動物は，学習される行動のレパートリーが非常に豊富である。進化の段階は，脳神経系の発達の度合いとほぼ対応し，脳神経系の構造的な複雑さは，そのまま学習システムの複雑さと相関している。当然，最も高度な学習システムを備えているのが私たちヒトである。ただ，ここで注意しなければならないのは，基礎的な学習メカニズムにおいては，ヒトも他の動物種もほとんど差がないということである。

学習心理学は，その草創期から今日まで，動物を中心的な研究対象として用い，主として実験によって知見を積みあげてきた。そこには，動物とヒトとを連続次元上に位置づけようとする進化論的思想の影響をみることができる。以下，条件づけを中心に，ヒトと動物に共通する基礎的な学習メカニズムについて紹介する。

2．古典的条件づけ

（1） 古典的条件づけとは

古典的条件づけ（classical conditioning）は，ロシアの生理学者**パブロフ**（Pavlov, I. P.）によって発見された基本的な学習メカニズムのひとつである。パブロフの名にちなみ，パブロフ型条件づけ，また，学習主体にとっては，外部からの刺激に対して生じる受動的な反応が条件づけられることから，**レスポンデント条件づけ**とよばれることもある。

コラム9：あなたのキスは右利き？　それとも左利き？

　恋人同士が向かい合い，キスをする。その際，右と左，どちらに首を傾けるか？　気分しだい，あるいはその時の状況しだいなのだろうか？　それとも，いつも決まった方向があるのだろうか？　もし決まった方向があるのなら，左右の比率はいかほどで，それは一体何を意味しているのか？

　グントゥークン（Güntürkün, 2003）は，アメリカ，ドイツ，トルコの空港や大きな駅で成人のカップルを観察し，各カップルが，顔を向き合わせ最初にキスを交わした際，首をどちらに傾けていたかを調査した。その結果，調査対象となった124組中，80組（64.5%）が右，44組（35.5%）が左に首を傾けていた。もし，キスをする際の首の傾きが，完全にその場その場のなりゆきに委ねられるのなら，この比率はほぼ1：1になるはずである。また，利き腕の要因が影響するのであれば，圧倒的に右利きが多い（利き腕の比率は右：左が約8：1とされている）のだから，左右の比率にはもっと極端な偏りがあってよい。ところが，いかにも意味ありげに，右：左が約2：1であった。

　グントゥークンは，ひとつの解釈として，ヒトの胎児期および新生児期の行動傾向との関連を指摘している。誕生直前の胎児は，母親の子宮の中で左右どちらかに首を傾けており，その比率が，やはり右2に対し左1程度だという。この傾向は，誕生後しばらく続きやがて消失するが，成人しても潜在的に残っていて，キスをする場面で無意識のうちに表れるのではないかというのである。つまり，キスをする際に首を傾ける方向は，生まれながらに決まっていて，学習の結果ではないというのである。真偽のほどは，胎児期から成人期までの追跡研究（もし可能であれば）を多数のサンプルに対して実施した上でないとわからない。また，胎児期や新生児期の行動傾向が，どうして成人後のキスという場面において表れるのかを説明するのは困難である。が，実にロマンチックな興味深い考察であるといえよう。

　ところで，キスをする際，カップルの一方が左右どちらかに首を傾ければ，向かい合うパートナーも同じ方向に首を傾けざるを得ない。ということは，一部のカップルでは，一方がパートナーの好みに合わせているということになる。愛とは，相手に「自分の方」を向かせること，あるいは，自分が「相手の方」を向いてあげること，なのかも知れない。（土江）

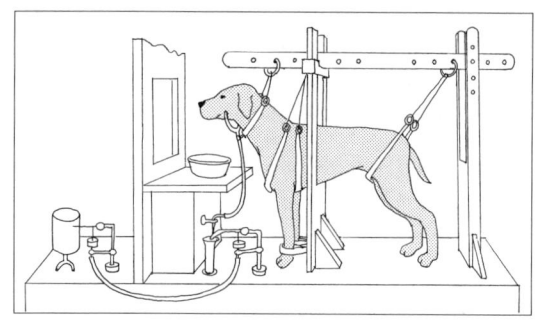

図 3-1　パブロフの実験装置
(Yerkes & Morgulis, 1909)

　古典的条件づけの最も典型的な例は,「パブロフのイヌ」として有名な, イヌの唾液分泌の条件反射実験である (図 3-1)。実験経験のないイヌは, メトロノームの音を聞かせられても, 音のする方向に少し耳を向ける程度で, 何ら特別な反応を示さない。しかしながら, メトロノームの音を聞かせた後にエサを与えるという手続きを繰り返すと, そのイヌは, メトロノームの音を聞いただけで唾液を分泌するようになる。
　日常の生活場面でも, 古典的条件づけの例は数多く観察される。梅干をみただけで, 実際には口に入れていないのに唾液が出るという日本人は多い。また, 病院で痛い注射を打たれた経験をもつ赤ん坊が, 白衣姿の医師をみただけで泣き出すようになる。もともと, 梅干の外見や白衣そのものは中性的であり, 唾液を分泌させたり恐怖を引き起こしたりする機能はない。これらが強い酸味や痛みと対で経験されることによって, 新たな機能が獲得されるのである。

(2)　古典的条件づけの基礎

1)　古典的条件づけの図式

　パブロフのイヌの実験を参考に, 古典的条件づけの用語をまとめると以下のようになる (図 3-2)。エサは, 無条件に唾液分泌を引き起こすので**無条件刺激** (US: unconditioned stimulus), エサによって引き起こされる唾液分泌は, **無条件反応** (UR: unconditioned response) とよばれる。無条件刺激 (US) と

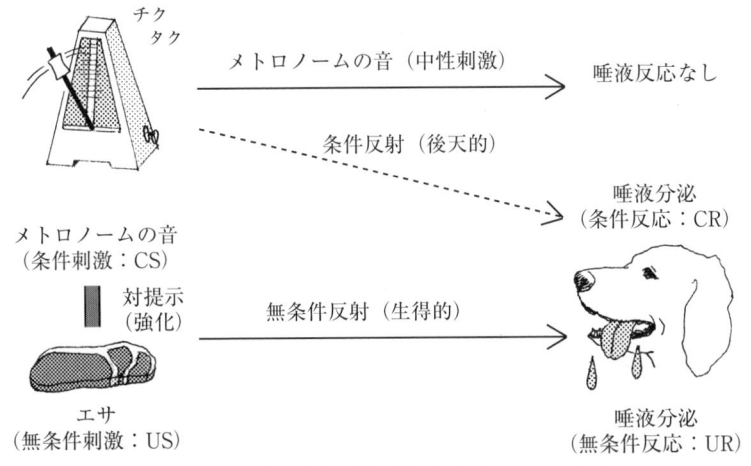

図 3-2　古典的条件づけの図式 (編集者による作図)

無条件反応 (UR) の結びつきは生得的である。一方，メトロノームの音は，無条件刺激 (US) であるエサと対経験されることによってはじめて唾液分泌を誘発するようになるので，**条件刺激** (CS: conditioned stimulus)，メトロノームの音により誘発される唾液分泌は，**条件反応** (CR: conditioned response) とよばれる。

2) 古典的条件づけ手続きの分類

古典的条件づけの実験では，条件刺激 (CS) と無条件刺激 (US) の対提示を**強化** (reinforcement) という。強化の方法は，条件刺激 (CS) と無条件刺激 (US) の時間関係によって分類される（図3-3）。

条件刺激 (CS) を提示した後に無条件刺激 (US) を提示する手続きを順行条件づけ，反対に，無条件刺激 (US) を提示した後に条件刺激 (CS) を提示する手続きを逆行条件づけという。条件刺激 (CS) と無条件刺激 (US) の提示時期を一致させる手続きは，同時条件づけという。順行条件づけは，条件刺激 (CS) 提示の終結部分に無条件刺激 (US) を重ねて提示する延滞条件づけと，条件刺激 (CS) の提示終了から時間をあけて無条件刺激 (US) の提示を

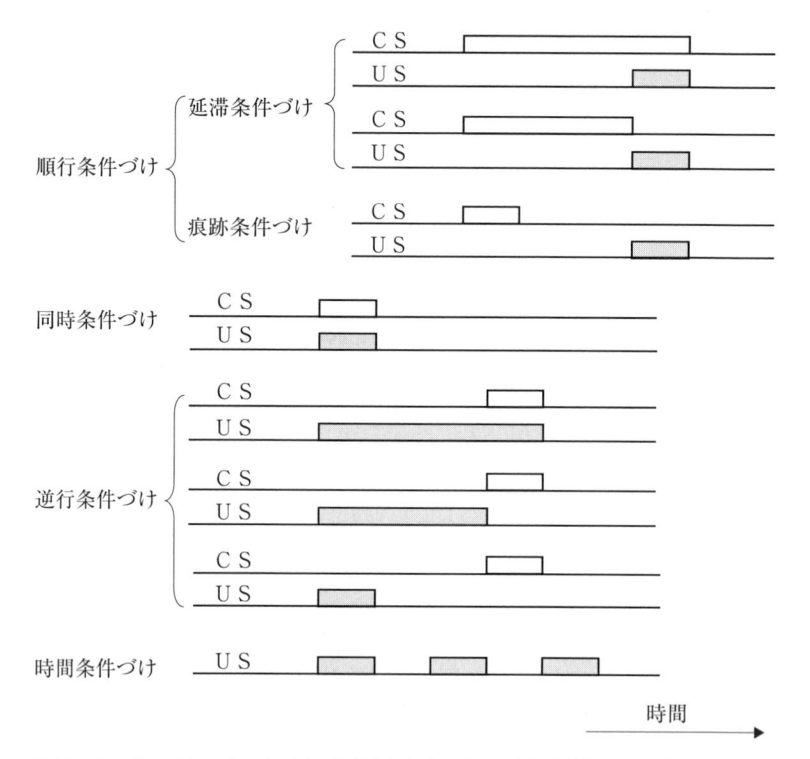

図3-3　条件刺激（CS）と無条件刺激（US）の時間関係による古典的条件
　　　づけ手続きの分類

開始する痕跡条件づけに分けられる。また，無条件刺激（US）だけを一定の時間間隔で規則的に提示する手続きを時間条件づけという。この場合，ひとつ前に提示された無条件刺激（US）からの経過時間が条件刺激（CS）の役割を果たし，無条件刺激（US）が提示される時間が近づくたびに条件反応（CR）が生じるようになる。

　条件反応（CR）の形成に最も適しているのは順行条件づけであり，次いで同時条件づけである。梅干をみただけで出てくる唾液，白衣をみただけで喚起される恐怖など，日常生活で観察される多くの古典的条件づけは順行条件づけによる。一般的に，逆行条件づけでは条件反応（CR）の形成は困難である。

また，条件刺激（CS）と無条件刺激（US）が時間的に接近しているほど，条件づけの成立は容易である。この原則を**接近の法則**という。

（3） 古典的条件づけに関する諸現象

1） 獲得・消去・自発的回復

条件刺激（CS）が条件反応（CR）の誘発力を得ることを**獲得**（acquisition）という。獲得には，複数回の強化試行が必要であることが多い。一旦獲得された条件づけは非常に強固であるが，条件刺激（CS）だけを単独で提示し続けると条件反応（CR）は徐々に減弱していく。これを**消去**（extinction）という。しかしながら，消去後，しばらく時間をおいて条件刺激（CS）を与えると，再び条件反応（CR）が見られる。この現象は，**自発的回復**（spontaneous recovery）とよばれる。自発的回復は，消去を行っても，条件づけが完全に消失しないことを示している（図3-4参照）。

2） 般化と分化

ある条件刺激（CS）に対して古典的条件づけが成立すると，実際に無条件刺激（US）と対提示された条件刺激（CS）のみならず，類似した他の中性刺

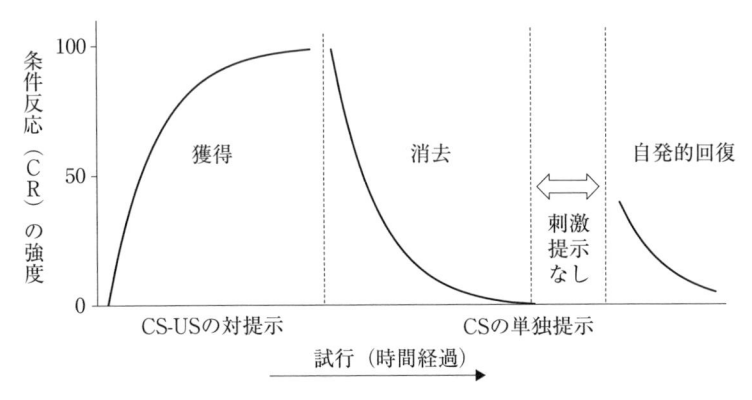

図3-4　古典的条件づけにおける獲得・消去・自発的回復

激に対しても条件反応（CR）が生じる。これを**般化**（generalization）という。般化によって生じる条件反応（CR）の強さは，その中性刺激と条件刺激（CS）との類似度によって決定される。たとえば，1,000ヘルツの音を条件刺激（CS）として条件づけを行った場合，500ヘルツよりも800ヘルツの音に対して，より強い条件反応（CR）が見られる。よく似た現象は，消去に関しても生じる。たとえば，周波数の異なる何種類かの音を条件刺激（CS）として条件づけを行った後，この内のひとつの条件刺激（CS）に対して消去を行うと，その効果は条件刺激（CS）間の類似度に応じて他の条件刺激（CS）に波及する。すなわち，実際には消去を受けていない条件刺激（CS）に対しても反応の減弱が生じる。

一方，ある条件刺激（CS1）は強化し，これとは別の条件刺激（CS2）は強化しないという手続きを繰り返すと，強化した条件刺激（CS1）に対してのみ限定的に条件反応（CR）が生じるようになる。この状態を**分化**（differentiation）という。

条件づけを施してない刺激に対しても弱いながら条件反応（CR）が観察される現象が般化であり，条件づけを施した刺激に対してだけ条件反応（CR）が誘発されるようになる現象が分化であるから，両者は対称的な現象だといえよう（図3-5参照）。

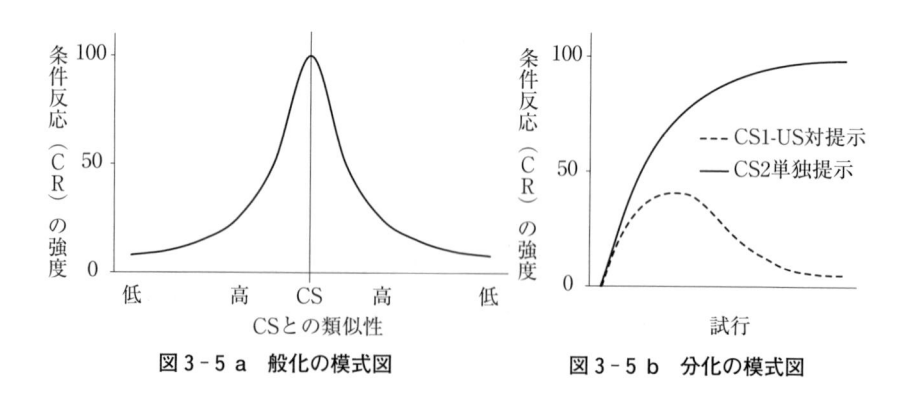

図3-5a　般化の模式図

図3-5b　分化の模式図

3） 高次条件づけ

　条件刺激（CS）と無条件刺激（US）の対提示によって形成された通常の条件づけを1次条件づけということがある。1次条件づけによって条件反応（CR）を誘発するようになった条件刺激（CS）を別の中性刺激と対提示すると，この中性刺激も条件反応（CR）を誘発するようになる。この現象を2次条件づけ（second-order conditioning）という（図3-6参照）。つまり，いったん条件づけを行った条件刺激（CS）は，他の刺激に対して無条件刺激（US）のような強化機能をもつ。2次条件づけの条件刺激（CS）をさらに別の中性刺激と対提示することで，3次条件づけを行うことも可能である。私たちの日常生活場面では，このような**高次条件づけ**（higher-order conditioning）がよくみられる。

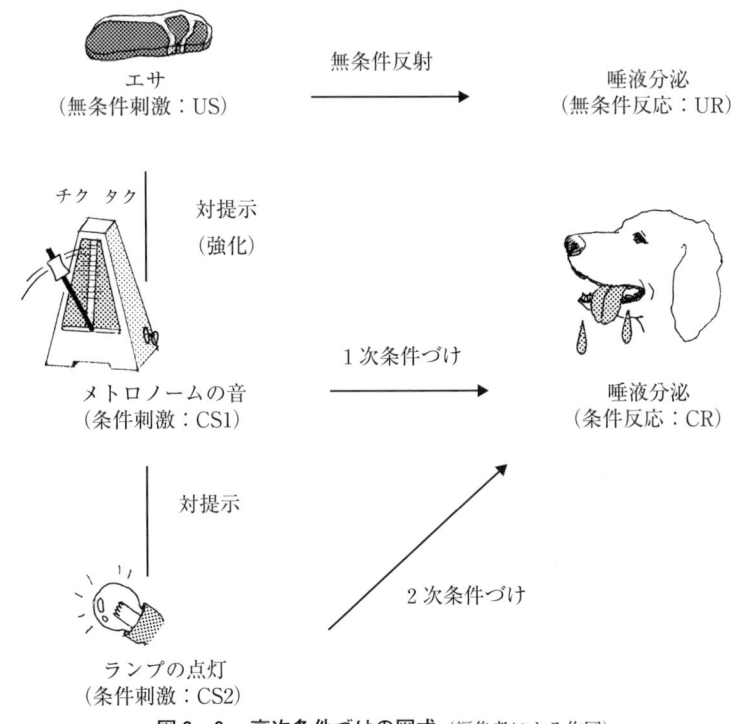

図3-6　高次条件づけの図式 (編集者による作図)

コラム10：プラセボ効果

　私たちの健康状態は，心理的要因によって大きく左右される。薬の効き目についても同様のことがいえる。薬を投与される本人が，「これでよくなるに違いない」と思い込んでいれば，有効成分が含まれていないプラセボ（偽薬）を投与された場合でも，症状が改善されることがある。これを**プラセボ効果**という。

　プラセボ効果のメカニズムは，まだ明らかにされていないが，一般に，暗示にかかりやすい人ほど効果は顕著であり，痛み，緊張，不安といった主観的な症状に対してプラセボが有効な場合が多い。

　プラセボ効果は，新薬の臨床試験においては厄介な存在である。なぜなら，医学的には，投薬に際して実際に得られた改善効果からプラセボ効果を差し引いたものが，真の薬効だと考えられているからである。そのため，新薬の臨床試験では，真の薬効とプラセボ効果とを分離するために，二重盲検法という方法がとられる。本物の薬と，これと全く同じ色，大きさ，味，匂いのプラセボとを準備し，2つの患者グループの一方には本物の薬を，もう一方にはプラセボを与える。もちろん，個々の患者は，自分がどちらのグループに振り分けられているのかを知らされない。さらに，医師や看護師も，目の前の患者がどちらのグループに属しているのか，また，自分たちがその患者に投与している薬が，本物なのかプラセボなのかを知らされない。「この患者は本物の薬を投与されるのでよくなるだろう」とか，逆に，「この患者はプラセボを投与されるので症状は改善しないだろう」といった予測が，知らず知らずのうちに医師や看護師の態度に表れ，患者に影響すると困るからである。こうした厳密な試験を行い，プラセボを上回る治療効果が得られた場合にのみ，真の薬効が認められる。

　一方，実際の治療場面においては，プラセボ効果は，薬の効果を増幅してくれるので，むしろありがたい存在である。薬物による直接的な効果でないという意味では，一種の心理療法といえるかも知れない。真の薬効ではなくても，患者にとって望ましい結果を導くのであるから，プラセボ効果を積極的に利用する方法についても検討していくべきであろう。

　ちなみに，プラセボとは，もともとラテン語で「喜ばせよう」という意味である。（土江）

（4） 日常場面における古典的条件づけ

　それでは，ここまでに紹介した古典的条件づけの原理原則や諸現象は，日常の生活場面ではどのような形でみられるのか，例をあげてまとめてみたい。

　初めて病院に連れていかれた乳児は，白衣を着た医師をみても，とくに目立った反応は示さない。白衣を着た医師は中性的な刺激だからである。しかし，その医師に注射を打たれたとたん，乳児は泣き出した。これは注射の痛みという無条件刺激（US）によって引き起こされた恐怖という無条件反応（UR）である。この時，白衣を着た医師は条件刺激（CS）であり，無条件刺激（US）と順行対提示されたことになる。

　後日，同じ病院に連れて行かれた乳児は，その医師をみただけで泣き出した。つまり，条件反応（CR）が引き起こされた。白衣が条件性の恐怖を獲得したといえる。それどころか，看護師に対してもわずかではあるが恐怖反応を示した。看護師も白衣を着ていたため，般化が生じたのであろう。しかし，何度か病院に通ったが，注射を打つのが医師だけであったため，条件反応（CR）は医師に対してのみ生じるようになった。つまり，分化が形成された。また，病院の建物をみただけで乳児はぐずるようになった。病院の建物が医師と対経験されたことで2次条件づけが生じたのだろう。

　その後，しばらく病院に通い続けたが，不快な処置を受けることがなかったため，乳児は医師を怖がらなくなった。条件刺激（CS）の単独提示に相当する経験をしたので消去が起きたのである。それから，長らく受診する機会はなかったが，風邪をひいたため，その乳児は，再び同じ病院で同じ医師の診察を受けた。そうすると，以前通院していた際には平気になっていたにもかかわらず，医師を見たとたん，乳児は泣きはじめた。自発的回復が生じたのである。

コラム11:「病は気から」の科学
―精神神経免疫学―

　スミスとマクダニエル（Smith & McDaniel, 1983）は，心理的要因と免疫機能の関係について興味深い実験を行っている。彼らは，ツベルクリン反応が陽性である被験者に，左右の腕に毎月1本ずつ注射を打つという実験を行った。被験者の一方の腕には赤，他方の腕には緑の薬ビンに入った液が注射された。どちらかがツベルクリン検査の注射液であり，どちらかが生理的食塩水であった。薬ビンの色，注射液の種類，注射をされる腕の組み合わせは，被験者毎に固定されていた。つまり，ある被験者は，毎月，赤い薬ビンの注射液（ツベルクリン検査の注射液）を右腕に打たれ，注射部位が腫れる，そして，緑の薬ビンの注射液（生理的食塩水）を左腕に打たれ，何の変化も起こらない，という経験をした。

　こうした処置が5回続けられた後，被験者にも注射を打つ看護師にも知らされず，2本のビンの中身が入れ替えられた。すなわち，いつもは生理的食塩水を打たれていた腕に，ツベルクリン検査の注射が打たれた。当然，注射部位には反応が表れるはずである。ところが，ツベルクリン検査の注射を打たれた部位の腫れは，それまでに5回，反対側の腕に注射されたときの腫れと比較して極めて小さなものであった。これは，「緑の薬ビンに入っている注射液を左腕に打たれても，何も変化は起こらない」という被験者の思い込みが，本来は生じるはずの免疫反応（注射部位の腫れ）を抑制したことを示唆している。スミスとマクダニエルは，注射を打たれる部屋や看護師，あるいは薬ビンの色が条件刺激となった可能性を指摘し，古典的条件づけの図式を用いた説明を行っている（ただし，生理的食塩水を打たれた反対側の腕の腫れがどうであったかは報告されていない）。

　従来，心理・社会的な機能をつかさどる脳神経系と，健康状態を左右する免疫系は，それぞれ独立したシステムであると見なされがちであった。しかしながら，最近では，こうした考え方は大きく修正されている。心理・社会的な要因と免疫機能がどのように関連し，互いに影響しあっているかを包括的にとらえ，さらに，古典的条件づけなどのさまざまな心理学的手法を用いて，免疫機能をコントロールする方法の研究が進んでいる。こうした研究領域は，精神神経免疫学とよばれている。文字どおり，「病は気から」の科学である。（土江）

3．オペラント条件づけ

（1） オペラント条件づけとは

　たとえば，空腹のイヌがしきりに飼い主にエサをねだる。飼い主は，「お手」と声をかけ，自分の手を差し出す。最初，イヌは何を要求されているかわからないので，飛び跳ねたり，飼い主の顔をなめたり，さまざまな行動をとる。しかし，たまたまお手をすることに成功し，飼い主にエサをもらう。こうした経験を繰り返すと，イヌは空腹を満たすために飼い主にお手をすることを覚える。このような学習を，**オペラント条件づけ**（operant conditioning）とよぶ。オペラントとは，反応が「自発する」，あるいは環境へ「はたらきかける」という意味である。また，お手というイヌの行動は，エサを獲得し，空腹を満たすための道具になっている。行動のこうした機能を強調する立場からは，このタイプの学習を**道具的条件づけ**（instrumental conditioning）とよぶ。

（2） ソーンダイクの研究

　19世紀の終わり，アメリカの心理学者ソーンダイク（Thorndike, E. L.）は，動物の知能を調べる目的で，ネコ，イヌ，サル，ヒヨコなどを用い，さまざまな学習実験を行った。一連の研究は，動物の学習能力を実験的に検討した初の試みであり，オペラント条件づけ研究のルーツとなった。

　図3-7は，ソーンダイクがネコ用に作製した実験箱のひとつである。この箱の中にはヒモが吊り下げられており，これを引けば扉が開くようになっている。空腹のネコをこの箱に入れ，箱の外にエサを置くと，ネコは外へ出ようとして試行錯誤を繰り返す。やがて，体の一部が偶然ヒモに引っかかって扉が開き，ネコは外へ出，エサを食べることができる。この一連の流れを1試行とすると，試行を反復するうちに，無駄な反応は徐々に減少し，1試行に要する時間が短縮していく（図3-8参照）。このような学習は，典型的な道具的条件づ

図3-7　ソーンダイクの問題箱
(Thorndike, 1898)

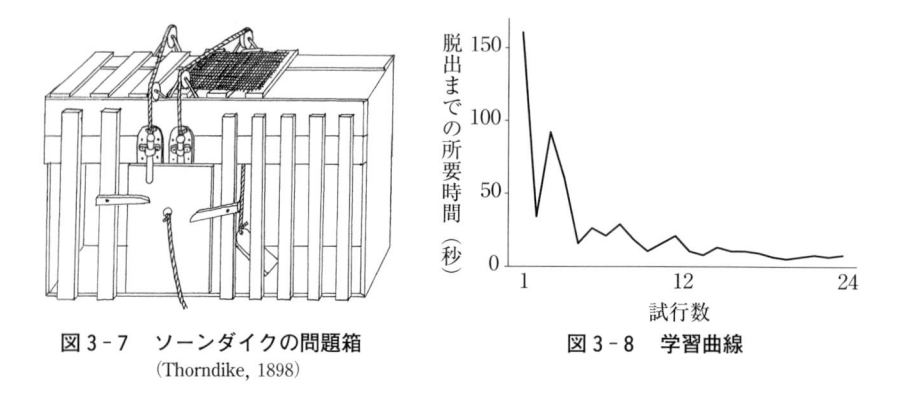

図3-8　学習曲線

けの例であるが，学習過程で試行錯誤がなされるので，**試行錯誤学習**（trial-and-error learning）ともよばれる。

　ソーンダイクは，実験装置内部の環境を刺激と考え，そこで偶然生起した反応が満足な結果を伴う場合，刺激との間に連合が形成され，その反応が生起しやすくなると考えた。逆に，不快な結果を伴う反応は，刺激との連合が弱まり，生起しにくくなると考えた。このような学習の原理は，**効果の法則**とよばれる。

（3） スキナーの研究

　ソーンダイクの研究から約30年を経て，**スキナー**（Skinner, B. F.）が登場した。スキナーは，自発的な反応の学習をオペラント条件づけと命名して古典的条件づけとは明確に区別し，新たな研究の枠組みを作りあげた。オペラント条件づけは，試行錯誤学習や道具的条件づけをも含む幅広い概念である。彼は，後にスキナー箱とよばれる実験装置（図3-9）を考案し，これを用いて精力的に実験を行った。スキナー箱の内壁にはレバーが取りつけられており，空腹のネズミがこれを押すと，その下のトレイにエサが出てくる。初めてスキナー箱に入れられたネズミは，さまざまな行動をとる。しかし，偶然に体の一部がレバーを押し，エサを得るといった経験を繰り返すうちに，レバー押し反応が

図3-9 スキナー箱

多発するようになる。

　スキナー箱の実験事態は，ソーンダイクの試行錯誤学習の実験事態とよく似ている。しかしながら，ソーンダイクが，刺激場面の提示とそれに対する反応を単位として試行を定義したのに対し，スキナー箱の実験では明確な試行の定義がない。スキナー箱内のネズミは，さまざまに，かつ自由に反応することが許されている。このような実験事態は，フリーオペラント場面とよばれ，反応の強度は，単位時間あたりに生起したレバー押し反応の頻度（反応生起率）を指標として測定される。

　スキナーとソーンダイクには，思想的にもいくつかの違いがある。ソーンダイクは，学習を，刺激と反応の連合によって説明し，自身の理論に，「満足」や「不快」といった心理学的な概念を取り入れた。これに対し，スキナーは，観察不可能な内的過程への推測によって行動を説明することを避け，観察可能な刺激環境と行動との関係だけを重視した。スキナーは，どのような環境の下でどのような行動が生じるのか，さらに，どのような環境の変化がどのような行動の変化を導くのかを詳細に分析した。スキナーの研究の目的は，環境の操作によって行動を制御する方法論を確立することであった。スキナーは，環境の整え方しだいで，生活体の行動をいかようにも形成できると考えていた。

（4） オペラント条件づけの基礎

1） 強化と随伴性

オペラント条件づけでは，ネズミのレバー押しのようなオペラント反応の自発に際し，エサのような報酬を与えることを**強化**という。強化は，反応の生起率を上昇させるための操作であるが，これには，**正の強化子**を用いる方法と，**負の強化子**を用いる方法がある。正の強化子とは，それを与えることで反応の生起率が上昇する刺激であり，動物実験においては，エサや砂糖水がよく用いられる。一方，負の強化子とは，その提示を中止したり先送りしたりすることで反応の生起率が上昇する刺激であり，動物実験においては，電気ショックなどの嫌悪刺激がよく用いられる（表3-1参照）。これらの刺激は，古典的条件づけにおいては無条件刺激（US）に相当するもので，無条件性強化子とよばれる。

また，元来は中性的な刺激であるが，無条件性強化子と対にされることで，新たに強化機能を獲得した刺激を条件性強化子という。なお，貨幣のように，貯めておいて，後に無条件性強化子と交換できる条件性強化子をトークン（代替貨幣）という。トークンは，さまざまな無条件刺激と交換可能にすることで，非常に強い強化機能をもつようになる。このような条件性強化子を，とくに般性強化子という。

表3-1　強化と罰の分類

		正の強化子 （エサ等）	負の強化子 （電気ショック等）
提示（正）	操作名 （反応生起率）	正の強化 （上昇）	正の罰 （下降）
非提示（負）	操作名 （反応生起率）	負の罰 （下降）	負の強化 （上昇）

2) 3項随伴性

オペラント条件づけの実験事態では，特定の反応を引き起こす特定の刺激は存在しない。さまざまな型の反応が自発するが，強化を受けた反応の生起率のみが上昇する。たとえば，スキナー箱の中のネズミは，立ち上がったり，毛づくろいをしたり，逃げ出そうとしたり，さまざまに反応するが，レバー押し反応のみがエサによって強化されるため，この反応の生起率が上昇する。しかしながら，このレバー押し反応も，周囲の刺激と無関係に生起しているわけではなく，反応を自発する手がかりとなっている刺激が環境内に存在する。この刺激を**弁別刺激**（discriminative stimulus）という。スキナー箱のような環境全体が弁別刺激として機能している場合もあれば，ランプが点灯している間に生起する反応のみを強化するという実験条件の下では，ランプの点灯が弁別刺激となる。前述したイヌの例では，飼い主が「お手」と声をかけた時にお手をしてはじめてエサがもらえるので，この飼い主の言葉が弁別刺激となる。このように，「どのような場合に，どのように行動すれば，どのような結果が伴うか」という，「弁別刺激—反応—強化」の3者間の関係を，**3項随伴性**（three-term contingency）とよぶ。オペラント条件づけは，3項随伴性の学習であるともいえる。

3) プレマックの原理

オペラント条件づけにおいて，通常，強化子は，無条件性か否かにかかわらず，反応の生起に際して提示される「もの」であるが，反応が反応を強化するという考え方もある。プレマックは，型の異なる複数の反応がある場合，より生起率の高い反応の遂行は，より生起率の低い反応の遂行に対して，正の強化子として機能すると主張した（Premack, 1965）。これを**プレマックの原理**という。プレマックの原理によると，たとえば，スキナー箱の中で，ラットがレバー押し反応を学習するのは，より生起しやすい「エサを食べる」という反応が，より生起しにくい「レバーを押す」という反応を強化するからだと説明される。

4） 罰による反応の抑制

強化とは正反対の機能をもつ操作を**罰**（punishment）とよぶ。罰には，ある反応に対して嫌悪刺激を与え，その反応を抑制する正の罰と，逆に，ある反応に対して正の強化子を与えないという消去の操作を施し，その反応を抑制する負の罰がある（表3-1参照）。正の罰には即効性があるが，その効果は長く続かず，しかも，弱い罰に対してはすぐに馴れ（馴化）が生じる。そのため，もし反応の抑制を目的として正の罰を用いる場合は，最初から，ある程度強い罰を用いる方がよい。ただし，あまりに罰が強いと，全般的に反応の生起頻度が低下し，強化したい反応までもが自発しなくなってしまう可能性がある。また，罰は，恐怖や怒りのような情動や攻撃行動を導くことがある。

（5） 日常場面におけるオペラント条件づけ

それでは，オペラント条件づけは，日常の生活場面ではどのような形でみられ，その理論は，私たちの日々の行動をどのように説明できるだろうか。子どもの学校での行動を例としてまとめてみたい。

教室で騒いでいた子どもたちが，先生の姿を見たとたんに静かになり，勉強を始めた。先生は，「よくがんばっているな」と声をかけながら子どもたちを見て回り，教室を出ていった。しばらくすると，子どもたちは，勉強をやめ，再び騒ぎはじめた。

このような場合，先生を弁別刺激，勉強をオペラント反応，先生のほめ言葉を正の強化子とする3項随伴性が学習されていると推測される。ヒトに対しては，他者からの賞賛や注目といった社会的な刺激も，有効な正の強化子である。また，子どもたちが先生を見て静かになったのは，かつて教室で騒いでいた時に，先生から叱責を受け，休み時間に遊ばせてもらえなかったからであろう。前者は正の罰，後者は負の罰の例である。一度しかられたにもかかわらず子どもたちが繰り返し騒いでしまうのは，罰の効果が一時的であることを示している。

ただ，子どもたちをしかる際，罰があまりに厳しいと，本来は強化されるべ

き望ましい反応までもが自発しなくなる可能性があるので、先生は注意が必要である。教育現場では、「厳しくしかり過ぎると、子どもが萎縮して自主性が失われる」などといわれるが、これは、「強過ぎる正の罰は反応の全般的な抑制を導く」というオペラント条件づけの原則を、経験的な言葉で言い換えたものにほかならない。また、教育現場では、「1時間勉強したら1時間遊んでもよい」といった取り決めをすることがある。ここには、プレマックの原理が仮定されている。遊びの生起率が、勉強のそれと比較して高ければ高いほど、この取り決めは有効である。「1時間勉強したら1時間読書してもよい」というのでは、おそらく子どもはあまり勉強しないだろう。

4．条件づけよりも高度な学習

　古典的条件づけとオペラント条件づけは、自動的で機械的である点で共通している。どのような反応や行動が形成されるかは、学習主体をどのような環境へおくか、どのような条件で刺激を与えるかに大きく依存している。しかしながら、ヒトを中心とする高等な動物は、より複雑で能動的な学習メカニズムも備えている。

（1）問題解決学習

　ドイツのゲシュタルト心理学者である**ケーラー**（Köhler, W.）は、問題解決場面における**洞察**（insight）の重要性を主張した。ケーラーは、その著書『類人猿の知恵試験』の中で、チンパンジーの興味深い問題解決法について言及している。サルタンというチンパンジーは、檻の中にバラバラに置かれていた箱を積みあげて台を作り、その上に載って、天井から吊り下げられたバナナを取ることに成功した（図3-10）。注目すべきは、箱の積みあげが、しばらくの何もしない期間の後、突如ひらめいたかのようになされたという点である。ケーラーは、洞察によって、問題解決場面を構成している要素間に機能的な関係性が見出され、場面に対する認知が変化することこそが、学習であると考えた。

図3-10　チンパンジーの洞察による問題解決（Boakes, 1984）

（2）観察学習

　バンデューラ（Bandura, A）は，他者の行動を観察するだけで，学習が成立する場合があることを実験的に示した。このような学習の形態を**観察学習**（モデリング）とよぶ（第6章参照）。観察学習は，代理強化と代理罰によって説明される。代理強化とは，他者の反応に対して施された強化が，それを観察する者にも強化としてはたらくということであり，代理罰とは，他者の反応に対して与えられた罰が，それを観察する者にも罰としてはたらくということである。すなわち，学習主体に対する直接的な強化や罰は，学習の成立に必須ではない。観察学習の研究は，主として条件づけを扱ってきた伝統的な学習理論が暗黙の前提としてきた「なすことによる学習観」に，明確な反例を提起することになった。

5．学習心理学の貢献

　学習心理学の目的は，ヒトや動物の基礎的な学習メカニズムの解明であるが，その成果は，すでにさまざまな分野に応用されている。たとえば，教育分野では，効率的な教授法の開発やスポーツのコーチングに，心理臨床分野では，心理・行動面に不適応を示す人々の治療に，それぞれ学習心理学の知見が役立てられている。とくに，行動療法とよばれる治療技法は，条件づけ研究を

コラム12：学習性無力感

　セリッグマンとその研究グループは，**学習性無力感**（learned helplessness）とよばれる現象を動物を被験体とした実験によって確認した（Overmier & Seligman, 1967）。

　セリッグマンらの実験は，2つの段階から構成されていた。被験体はイヌであり，第1段階に与える処置の違いによって，逃避群，ヨークト（服従）群，コントロール群の3群が設けられた。

　第1段階において，逃避群とヨークト群のイヌは，頭部以外動かせないように固定され，電気ショックを与えられた。ただし，逃避群は，鼻でパネルを押しさえすれば，電気ショックを自力で停止させることができた。これに対し，ヨークト群のイヌは，逃避群のイヌとペアにされており，電気ショックの停止は，相棒に任せられていた。つまり，ヨークト群は，自力では，電気ショックに対処することができなかった。一方，コントロール群のイヌには，何の処置も施されなかった。

　その後，第2段階において，全群のイヌが，別の実験場面で，電気ショックの回避・逃避学習の訓練を受けた。被験体は，2部屋が連結した実験装置内に入れられた。各試行では，まず10秒間の警告信号が提示され，被験体が隣室へ移動しないと，これに続いて電気ショックが提示された。電気ショックは，被験体が隣室へ移動するまで最大50秒間続いた。実験の結果，逃避群のイヌは，コントロール群と遜色ない良好な学習を示した。つまり，第1段階で受けた電気ショックの影響は見られず，たった数試行で，警告信号が提示されると，速やかに隣室へ移動するようになった。しかしながら，ヨークト群のイヌは，電気ショックを回避することも逃避することも学習できなかった。

　逃避群とヨークト群は，第1段階において，物理的に等しい電気ショックを経験しており，両群の違いは，電気ショックに自力で対処できたかどうかのみであった。セリッグマンらは，対処不可能な嫌悪刺激の経験が，ヨークト群において，動機づけを低下させ，「何をやっても無駄だ」という認知を形成し，後続する学習課題の獲得を阻害したのだと説明している。

　このような，動物を用いて行われる学習性無力感の実験は，ヒトのうつ病のモデルであると考えられている。（土江）

中心とする学習心理学で得られた種々の知見を理論的基盤として採用している。この技法の有効性の根拠になっている点はもちろん，ともすれば科学的客観性が軽視されがちな臨床心理学において，実験的に検証可能な理論的枠組みのひとつを与えている点に，学習心理学の大きな貢献をみることができる。

　また，最近では，学習心理学の実験パラダイムや手法が，学習心理学以外の基礎研究領域で用いられるケースが増えてきた。たとえば，動物の記憶や言語といった高次認知機能を研究する比較認知科学では，ハトやサルを用いた実験を行う際に，オペラント条件づけによる反応形成技術が不可欠である。また，抗不安薬や抗認知症薬などの中枢神経系に作用する薬物の薬効評価を行う薬理行動学では，薬物の認知機能への影響や依存性の有無が，古典的条件づけをはじめとする学習心理学の諸手法を用いて検討されている。

第 4 章 ストレスと情動

　ある日，女子学生が，先生のつまらない講義を毎日，長時間，聞かされているため，「肌があれた」と訴える。次の日には，私の研究室で，別の女子学生が，肌があれたので，今日は「憂うつだ」と，愚痴をこぼす。私たちの「こころ」（不快な感情）は「身体」（肌があれる）に何らかの影響を及ぼし，逆に，「身体」（肌があれる）は「こころ」（憂うつ）に影響を及ぼしている。このように，私たちは，「こころ」と「身体」が，お互いに密接な関係にあることを経験的に知っている。しかし，人の「こころ」に関心を向ける学生は多いが，人が「こころ」を動かされているときの身体の仕組みに関心を寄せる学生は少ない。本章では，「こころ」と「身体」との関係を，「情動」と「ストレス」という2つのキーワードから説明する。

1．情動が喚起されるしくみ

　人が人であることの証拠に，「人には感情があるからだ」と考える者がいるかもしれない。その者に，その感情は，どのように生じるのか，と尋ねると，何と答えるであろうか。感情は自然とわいてくるものだ，とでも答えるのであろうか。人にとって感情が重要であるとするならば，感情が生起するしくみを知る必要もあろう。本節では，感情，すなわち，情動が発生するしくみを考える。

(1) ジェームズ・ランゲ説とキャノン・バード説

クマに遭遇すると,恐怖を感じ,体がガタガタと震える。私たちは,そのような経験を,「クマと遭遇し,恐怖を感じたから,体が震えた」とは説明しない。しかし,「悲しいから泣くのではなく,泣くから悲しいのだ」と主張した研究者がいる。クマとの遭遇に関していえば,「恐怖を感じたから震えるのではなく,震えるから恐怖を感じる」ということである。その研究者の名前はジェームズ(James, W.)である。ジェームズは,クマと遭遇し,末梢によって生じた身体的変化(体が震えること)が中枢(脳や脊髄)に伝達され,その情報によって,情動体験(恐怖)が喚起されると考えた(図4-1参照)。ランゲ(Lange, C.)という研究者も,同様の考え方をほぼ同時期に発表したため,ジェームズ・ランゲ説といわれている。

ジェームズ・ランゲ説を批判した研究者のひとりに,キャノン(Cannon, W.B.)がいる。ジェームズが主張するように,身体的変化が末梢神経(脳や脊髄と身体の各部を結んでいる神経)によって中枢に伝達され,情動が喚起されるのであれば,末梢神経を切断すれば,情動は喚起されないはずである。しかし,実際には,末梢神経を切断しても,情動は持続される。また,アドレナリンを注射し,人工的に内臓器官に変化を生じさせれば(身体的変化を生起させ

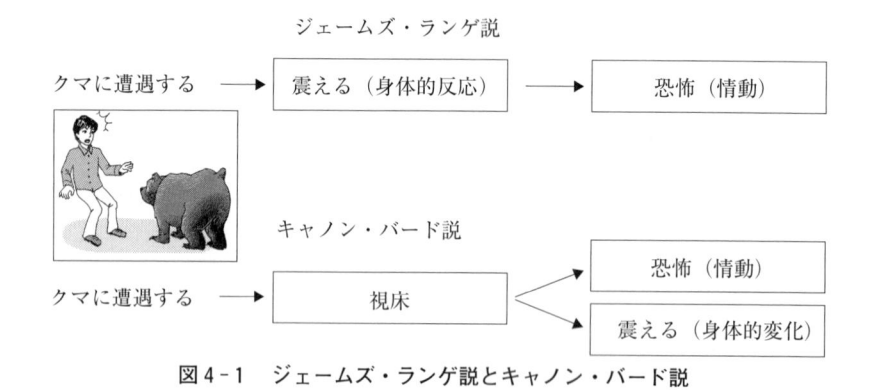

図4-1 ジェームズ・ランゲ説とキャノン・バード説

る），何らかの情動が喚起するはずであるが，実際には，そのようなことは起こらない。このようなことから，キャノンは，外界からの刺激（クマと遭遇すること）は，脳の視床あるいは視床下部を通じて大脳皮質へ伝達され，恐怖などの情動を体験すると同時に，視床から身体各部の末梢に伝達され，身体的変化（体が震える）が生じる，と考えた（図4-1参照）。キャノンの考えは，ほぼ同時期にバードによって実証されたことから**キャノン・バード説**といわれている。

ジェームズ・ランゲ説，キャノン・バード説ともに，古典的な研究ではあるが，情動の神経・生理学的研究の基礎的な研究である。

（2） シャクターの2要因説

シャクター（Schachter, S.）は，個人のおかれている状況をどのように認知するかが，情動の喚起にとって重要であると考え，情動は，「生理的覚醒」（たとえば，心拍数の増加）のみによって喚起されるのではなく，「生理的覚醒」と「おかれている状況の認知」とによって喚起される，と提唱した。この考えは，情動喚起には，「生理的覚醒」と「状況の認知」が必要であることから，**情動の2要因説**といわれている。この2要因説を実証するために，シャクターとシンガー（Schachter & Singer, 1962）は以下のような実験を行った（図4-2参照）。

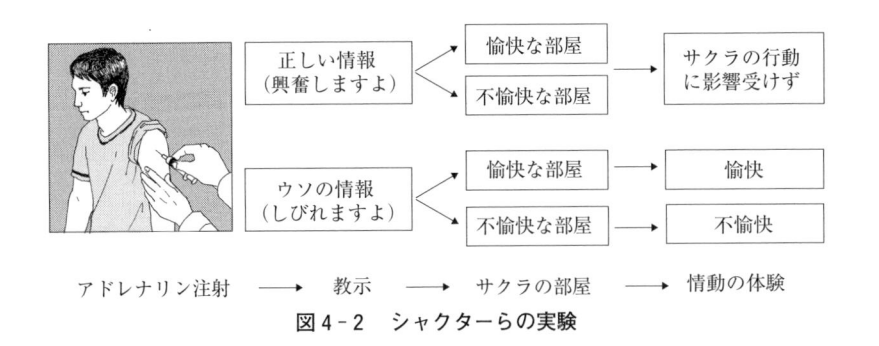

図4-2 シャクターらの実験

被験者には，通常，心拍数の増加，血圧上昇，瞳孔散大など，生理的覚醒を引き起こす物質であるアドレナリンが注射された。被験者のうちA群には，アドレナリンの影響について正しい情報が与えられた。B群には「かゆみ」や「しびれ」などの副作用が生じるといった誤った情報が与えられる，あるいは，何の情報も与えられなかった。その後，個別に，用意された2種類の待合室の一方に入れられた。一方の待合室では，実験者の指示を受けたサクラが陽気に，楽しげに行動した。もう一方の待合室では，サクラは不機嫌そうにふるまった。被験者の待合室での行動は，実験者によって観察されるとともに，待合室での情動経験が被験者によって報告された。正しい情報が与えられたA群では，サクラの行動（情動）にほとんど影響を受けなかった。しかし，誤った情報が与えられた，あるいは，情報が与えられなかったB群は，サクラの行動に影響を受けた（楽しい待合室では，被験者は楽しい情動を経験し，不快な待合室では不快な情動を経験した）。すなわち，アドレナリンに関する正しい情報を得た被験者は，生理的覚醒（心拍数が上がるなど）が，アドレナリン注射によるものだと認知したため，サクラの影響を受けなかったのである。他方，誤った情報が与えられたり，情報が与えられなかったりした被験者は，アドレナリンによる生理的覚醒は，サクラによるものだと認知したのである。シャクターらは，生理的食塩水（生理的覚醒を引き起こさない物質）を注射した別の被験者にも，実験を行っているが，当然，この被験者は，サクラの影響をほとんど受けなかった。

　その後，シャクターらの実験の仕方に関する問題点が指摘され，別の研究者たちによって，追証研究が行われたが，シャクターらと同様の結果は得られなかった。そのため，シャクターは自説を撤回することになった。

（3）　ラザルスの認知的評価

　シャクターと同様に，情動喚起における認知の重要性を強調した人物が**ラザルス**（Lazarus, R.S.）である。ラザルスは，情動の喚起には，遭遇した状況に対する認知的評価が不可欠であり，情動は認知的評価の結果として生じ，喚起

された情動は認知的評価のプロセスに影響を及ぼすと考えた。一方，ザイアンス（Zajonc, R.B.）は，情動と認知は独立したシステムであり，情動の喚起には必ずしも認知は必要ではないと主張した。1980年代には，情動と認知との関係について，ラザルス・ザイアンス論争とよばれる激しい論争を行った。

ラザルスはさらに自身の理論を進展させ，**認知・動機づけ・関係理論**を提唱した。認知・動機づけ・関係理論では，情動はその基礎をなす中心的関係テーマをもつ（表4-1参照）。評価と中心的関係テーマによって，情動が喚起される。たとえば，「怒り」という情動の中心的関係テーマは「私と私の家族に対する品位をおとしめるような攻撃」であり，それに関連する重要な評価は「脅

表4-1　ラザルスの情動と中心的関係テーマ　(Lazarus, 1991)

情　動	中心的関係テーマ
怒　り	私と私の家族に対する品位をおとしめるような攻撃
不　安	不確実な実存的脅威に直面すること
恐　怖	即時で，具体的で，圧倒的な身体的危機
罪悪感	道徳的要請を逸脱すること
恥	理想的自我に従って行動するのに失敗すること
悲しみ	取り返しのつかない喪失を経験すること
羨　望	他者が保有しているものをほしがること
嫉　妬	他者からの愛情・好意の喪失・脅威によって，腹を立てること
嫌　気	理解できない事柄や考えを取り入れたり，近づきすぎたりすること（比喩的にいえば）
幸　福	目標の実現に向けて，合理的に進展していること
プライド	自分自身，共感する仲間，仲間たちの価値ある対象や成果を称讃されることによって，自我の同一性を高めること
安　堵	苦痛で目的に一致していない状態が，よい方向に変化，あるいは，過ぎ去ってしまったこと
希　望	最悪を恐れながら，よりよい状態をのぞむこと
愛	愛情を要求したり，関係したりすること。通常，必ずしも報われるものではない
同　情	他者の苦しみにこころを動かされ，助けたいと思うこと

威」と「責任の所在」に関する評価である。友人が自分の意見に反対の意見を言ったとする。そのことによって自尊心を深く傷つけられるなど，自分にとって脅威であると評価し，その責任の所在がその友人にあると評価することで，「私と私のものに対してなされる品位をおとしめるような攻撃」という中心的関係テーマが形成され，このことが怒りの情動を喚起させるのである。

2．ストレスと体のしくみ

　心理社会的ストレスにさらされると，それに対してさまざまな身体器官が対応しようとする。しかし，長期にわたり，過剰なストレッサーを経験し続けると，さまざまな身体機能の働きが低下する。本節では，ストレスのメカニズムに関して，身体機能の側面から説明する。

（1）ストレスとは

　ストレス（stress）はラテン語から派生し，17世紀頃，英語として使用されるようになった。本来，ストレスは物理学や工学の分野で用いられる用語で，外部から受けた力に対する物体内部に生じる応力をさす。それに伴って生じる物体のひずみをストレインという。
　ストレスの医学的概念を確立し，ストレスを広く一般の人々にまで広めたのは**セリエ**（Selye, H.）である。そのため，セリエは「ストレスの父」とよばれることもある。セリエは，生体に対する有害な刺激が加えられた際に生じる生体内部の状態をストレス，外的刺激をストレッサーとよんだ。しかし，日常語としてのストレスは，ストレッサーの意味でも用いられることがあり，心理学では，通常，ストレス源を**ストレッサー**（stressor），ストレッサーによって引き起こされる生体の心理・行動・生理的反応を**ストレス反応**あるいは，**ストレイン**（strain），とよんでいる（図4-3）。ストレッサーは，受験，複雑な人間関係，失恋など，緊張や不快な情動を喚起させる情動的刺激だけでなく，寒冷，騒音，放射能などの物理的刺激，酸素欠乏，薬物，毒物などの化学的刺

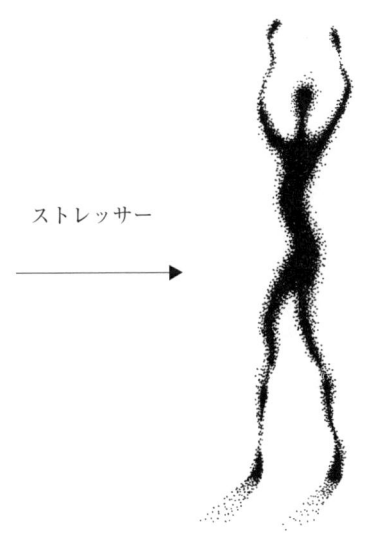

図 4-3　ストレッサーとストレス反応

激，感染，出血，疼痛などの生物学的刺激も含まれる。

（2）ホメオスタシス

　生体には，外部環境が変化しても，生体内の環境（内部環境）を常に一定に保とうとする機能が備わっている。キャノンは，この機能を**ホメオスタシス**と名づけた。たとえば，ヒトの場合，外気温が変化しても，汗を流し，体温を低下させたり，体を震わせることによって，体温を上げようとしたりすることで，摂氏36度前後を保とうとする。体液のイオン濃度，健康体の血糖濃度なども，ホメオスタシスによって，恒常性が維持されている。ホメオスタシスの機能には，ストレッサーにさらされることによって生じた生体内のバランスの崩れを，健全な状態に戻そうとする働きがある。すなわち，ホメオスタシスはストレスに対する適応的な機能といえる。ストレッサーにさらされた生体は，自律神経系，内分泌系，免疫系が相互に作用し合い，ホメオスタシスの機能を維持しているため，これらのバランスが崩れると，さまざまな症状を呈する。

コラム13：タイプA，タイプB，タイプC，タイプD，タイプE?

　1960年代から1980年代にかけて，ウエスタン共同研究（Western Collaborative Group Study）とよばれる大規模な疫学研究が報告された。一連の研究では，約3,500名の白人男性を対象に，8年以上にわたる追跡研究が行われ，**タイプA行動パターン**（Type A Behavior Pattern）とよばれる行動傾向を有する者は，**タイプB行動パターン**（タイプAと正反対の行動傾向）を示す者と比較して，心筋梗塞や狭心症などの冠状動脈性心疾患（CHD：心臓の動脈である冠状動脈に血栓（血の固まり）ができ，血液の流れが悪くなることで発症する）に罹患しやすいことが発表された。すなわち，タイプA傾向を示す者は，将来，心臓に関する病気にかかりやすいというわけである。

　その後の大規模な疫学調査によっても，同様の報告がなされ，多くの研究者たちの関心を集めた。タイプAはフリードマンとローゼンマン（Friedman & Rosenman, 1959）によって提唱された概念であり，一般的に，①目標を達成するために精力的に活動を行う，②競争心が高い，③功名心が強い，④常に時間的な切迫感を感じている，⑤強い攻撃性や敵意，⑥大声で，早口，断定的な話し方をする，などの特徴を示す。1990年代にはいると，タイプAに関する研究は下火となり，現在では，タイプAの特徴のひとつである攻撃性や敵意が，冠状動脈性心疾患を予測しうると考えられている。

　タイプA，タイプBがあるならばタイプCもありそうなものである。実は，テモショック（Temoshok, L.）によってタイプCという概念が提唱されている。タイプCは協力的で控えめ，自己主張が弱く，忍耐強い，ネガティブな感情を表に出さず，権威者に従順な性格傾向である。タイプCのCはCancer（ガン）であり，タイプCの傾向が高いほどガンになりやすい，と考えられている。

　タイプDも存在する。タイプDとは，デノレットら（Denollet, S.U.）によって提唱された概念であり，タイプD傾向が高い者は，冠状動脈性心疾患の罹患率が高いという報告がなされている。タイプDは，否定的な感情を有し，社会的な場面において自分の感情を抑制する傾向を示す性格である。次はタイプE。キャリア・ウーマンに代表されるように，高い達成目標をもち，過剰な努力をする女性を，ブレイカー（Braiker, H.B.）はタイプEとよんでいる。

　タイプA，タイプB，タイプC，タイプE……。将来の身体的な健康状態を予測できる可能性を秘めたタイプは，どこまで続くのだろうか。（加藤）

(3) ストレッサーに遭遇すると

過剰なストレッサーにさらされると，短期的には不安，怒り，抑うつなどの情動的変化が生じる。一方，長期にわたって持続する認知・行動的変化，身体的症状，社会的機能の低下などもみられる。認知・行動的変化としては，自信喪失，思考力の低下，無気力，引きこもりなどがみられる。心理的・行動的に影響を及ぼすメカニズムに関しては，次節で説明するが，ここでは，ストレッサーによる身体的症状を呈する体の仕組みについて説明する（図4-4参照）。

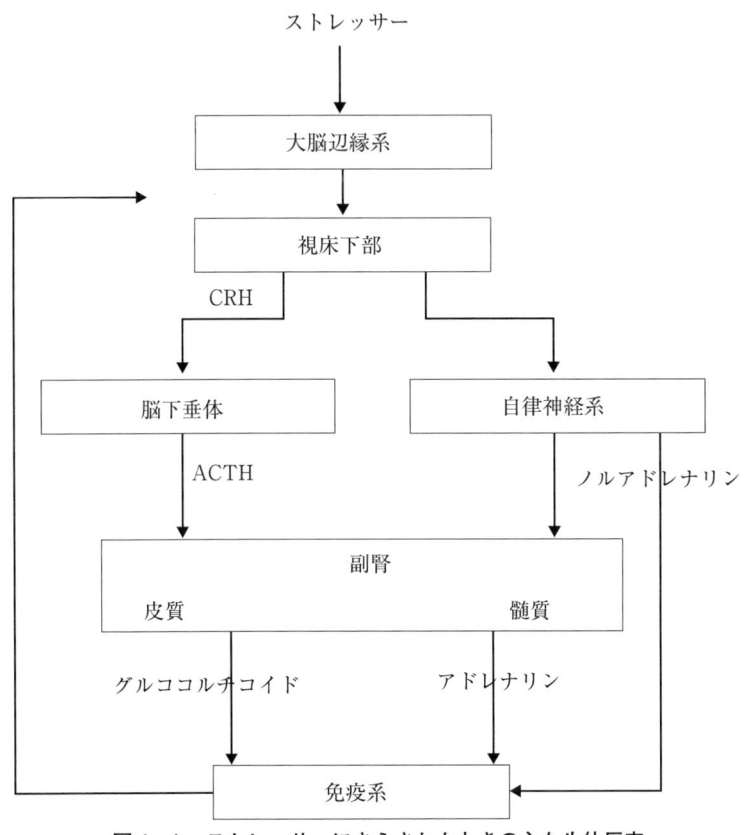

```
              ストレッサー
                  ↓
              大脳辺縁系
                  ↓
              視床下部
           CRH  ↓    ↓
          脳下垂体   自律神経系
           ACTH↓    ↓ノルアドレナリン
                副腎
              皮質  髄質
   グルココルチコイド↓  ↓アドレナリン
                免疫系
```

図4-4　ストレッサーにさらされたときの主な生体反応

ストレッサーに遭遇すると，その信号は，**大脳辺縁系**を介して，**視床下部**に伝達される。視床下部からは，自律神経系，内分泌系，免疫系を介し，生体反応を引き起こす。大脳辺縁系は情動脳ともいわれ，不安や恐怖などの情動の調節に関与している。この大脳辺縁系は視床下部と密接な神経連絡があり，視床下部を中枢とする自律神経系や内分泌系は，情動の影響を強く受けることになる。また，免疫系は，自律神経系，内分泌系の影響を受けると同時に，大脳辺縁系や視床下部にも影響を及ぼしており，情動に深く関与している。

1）自律神経系

自律神経系は**交感神経系**と**副交感神経系**からなり，内臓器官のほとんどが自律神経系の支配を受けている。ストレッサーにさらされると，多くの場合，交感神経系はエネルギーを放出し，生体が抵抗しやすい状態を保つ機能を有する。具体的には，交感神経系の緊張によって，ノルアドレナリンが放出され，副腎髄質からは**アドレナリン**が分泌，心拍数増加，心臓収縮の強化，呼吸数の増大などがみられる。一方，副交感神経系は交感神経系の興奮を鎮め，消費されたエネルギーを蓄積したりする機能を有し，心拍数減少，心臓収縮の低下など，交感神経系と拮抗した働きをする。この交感神経系と副交感神経系のバランスによって，生体内の恒常性が維持されているのである。

自律神経系は消化器官系，呼吸器系，循環器系などの諸器官の調節に関与している。そのため，過剰なストレッサーを経験すると，自律神経系のバランスが崩れ，自律神経失調症（めまい，頭痛，動悸，ふるえ，ほてり，嘔吐，下痢など多様な症状）をはじめとする，さまざまなストレス関連疾患につながる危険性がある。

2）内分泌系

内分泌系（ホルモンの分泌）の重要な働きには，生体の機能を調節し，ホメオスタシスを維持し，生体をストレスに適応させる働きがある。ストレッサーにさらされると，視床下部から CRH とよばれる ACTH 放出ホルモンが分泌さ

れ，脳下垂体からACTH（副腎皮質刺激ホルモン）の分泌を促す．その結果，副腎皮質からホルモンが分泌され，胃酸の分泌が増加したり，糖代謝を亢進させたり，心臓血管系の活動を増進させたりする．内分泌系における視床下部—脳下垂体—副腎皮質の経路は，H-P-A系といわれ，ストレス発生メカニズムを理解する重要な経路と考えられている．

　長期にわたりストレッサーにさらされると，本来，ストレッサーに対する適応機能として作用していたホルモンの分泌（内分泌）が過剰に作用し，生体に悪影響を及ぼすことがある．内分泌系に関するストレス関連疾患と考えられるものには，摂食障害，糖尿病，肥満症，甲状腺機能亢進症（バセドウ病）などがある（これらの疾患の原因は，必ずしもストレスとは限らない）．

3）免疫系

　免疫系は微生物が生体に侵入するのを阻止したり，侵入した微生物を排除したりする生体の防御機能である．胸腺，骨髄，脾臓，リンパ節などの免疫系組織は，自律神経系の支配を受けており，ストレッサーにさらされると，免疫系は，主に，自律神経系および内分泌系を介して影響を受ける．また，内分泌系からは，副腎皮質から分泌されるホルモンであるグルココルチコイドによって，免疫活動が抑制される．一般的に，免疫活動は，感染などによる生物学的ストレッサーに対しては亢進される．一方，免疫細胞からはサイトカインが産出され，大脳辺縁系や視床下部に影響を及ぼすことで，自律神経系，内分泌系に関与している．

　過剰なストレッサーにさらされると，免疫機能の低下，あるいは，抗原（細菌・毒素，異種タンパクなど，生体にとって異物的な高分子物質）に対する過剰な反応が生じることが知られている．免疫機能の低下としてみられる症状として，感染症や悪性腫瘍（がん）が知られている．たとえば，ストレッサーにさらされることで，がん細胞を破壊する機能（とくに，転移を抑制する）を有するNK細胞（ナチュラル・キラー細胞）の活性が低下することが知られている．すなわち，ストレスによってがん細胞の成長がはやまる危険性がある．抗

原に対する過剰反応として,自己免疫疾患やアレルギー性疾患がみられる。自己免疫疾患は,自己を非自己と誤認し,自己の細胞成分に対して抗体が形成され,免疫反応が生じることに起因した疾患であり,慢性関節リュウマチ,潰瘍性大腸炎など,多様な症状があらわれる。アレルギー性疾患は,外来の抗原に対し免疫系が過剰に反応した症状で,気管支喘息,アトピー性皮膚炎などがみられる。

3. ストレスのメカニズム

ストレッサーに遭遇することによって変化するのは身体機能だけではない。心理的にも変化をもたらす。本節では,ストレスに関する代表的な心理的アプローチについて説明する。

(1) セリエのストレス学説

セリエは,生体に対する有害な刺激(ストレッサー)が生体に非特異的な反応をもたらすというストレス学説を提唱した。すなわち,ストレッサーの種類にかかわらず(非特異的に),共通して一定の生理学的な変化(副腎皮質の肥大,胸腺やリンパ組織の萎縮,胃・十二指腸の出血や潰瘍)が生じる,と提唱したのである。セリエはこの生体の非特異的な反応をストレスとよんだ。

さらに,セリエはこのような生体反応を**汎適応症候群**と名づけ,生体の適応過程を以下の3つの時期によって説明しようとした(図4-5)。

① **反応警告期**……反応警告期は2つの相からなる。ストレッサーにさらされた直後,一時的に,身体の抵抗力が低下するショック相と,それに対する防衛的な反応として,抵抗力が高まりはじめる反ショック相である。反ショック相では,心臓血管系や呼吸器官系の機能が亢進,副腎皮質の分泌活動が増加し,ストレッサーに抵抗するための準備態勢が整えられる。

② **抵抗期**……ストレッサーに対する抵抗力が高まり,それが維持される時期である。ストレッサーに対する抵抗力が高くなる一方で,それ以外のス

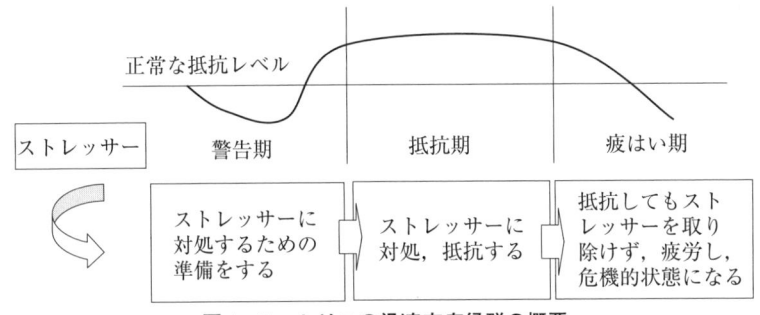

図4-5 セリエの汎適応症候群の概要

トレッサーに対する抵抗力は減少する。
③ **疲はい期**……長期にわたり，生体がストレッサーにさらされ，生体の抵抗力が低下し，やがて，生体の機能が低下し，身体的疾患を引き起こす可能性が増大，死に至る時期である。

セリエのストレス学説は生理学，医学，心理学など，さまざまな領域の研究者からの関心を集め，現在のストレス理論の発展に大きな貢献を果たすことになった。そして，セリエの研究以降，ストレスが生じるメカニズムにおいて，心理的な要因が重要な役割を果たすことが，明らかにされはじめたのである。

（2） ホームズとレイのライフイベント理論

ストレス発生のメカニズムにおいて，心理社会的要因の重要性を強調した代表的な研究者のひとりがホームズとレイ（Holmes & Rahe, 1964）である。ホームズとレイは，ストレス関連疾患の危険因子として，生活環境の変化の重要性を指摘し，ライフイベントの経験によって疾患の発症を予測しようとした。ホームズとレイはさまざまなライフイベントのストレス強度を**LCU得点**（Life Change Unite Score）によって評価する**社会的再適応評価尺度**を作成した（表4-2には，わが国の勤労者を対象にした夏目ほか（1987）の調査結果を添えてある）。LCU得点はライフイベントに適応するために要するエネルギーの総量であり，「結婚」を基準値（50点）とし，0点から100点の範囲で表され，得

表4-2　ホームズとレイの社会的再適応評価尺度 (LCU得点)

ライフイベント	ホームズとレイ	夏目ら	ライフイベント	ホームズとレイ	夏目ら
配偶者の死	100	83	子女の離家	29	50
離婚	73	72	義理の家族とのトラブル	29	—
夫婦別居	65	67	個人的な成功	28	—
服役	63	—	妻の就職(退職)	26	38(40)
近親者の死	63	73	本人の進学・卒業	26	—
本人の大きなけがや病気	53	62	生活条件の変化	25	42
結婚	50	50	個人的習慣の変化	24	38
失業	47	74	上司とのトラブル	23	51
夫婦の和解	45	—	勤務時間・条件の変化	20	55
退職・引退	45	44	転居	20	47
家族の健康状態の変化	44	59	転校	20	41
妊娠	40	44	余暇の減少(増加)	19	37(28)
性生活の困難	39	49	宗教活動の変化	19	—
新たな家族の加入	39	47	社会活動の変化	18	42
勤務先の変化	39	59・59・64	1万ドル以下の借金	17	51
収入減(増)	38	58(38)	睡眠習慣の変化	16	47
親友の死	37	60	家族団らんの変化	15	41
転勤・配置転換	36	58・51	食生活の変化	15	37
夫婦の口論の変化	35	48	長期休暇	13	35
1万ドル以上の借金	31	61	クリスマス	12	—
抵当流れ	30	—	小さな法律違反	11	41
仕事の責任の変化	29	40・60			

注：Holmes & Rahe (1967), 夏目ら (1987) を参考に作成したものである。また，夏目らの研究では，ホームズとレイの「勤務先の変化」を「吸収合併」・「建て直し」・「会社がかわる」に，「転勤・配置転換」を「人事異動」・「配置転換」に，「1万ドル」を「300万円」に，「仕事の責任の変化」を「昇進・昇格」・「降格」に変えたものである。—は該当項目がないことを示している。

点が高いほどライフイベントのストレス強度が高いことを示している。そして，過去一年間に経験したライフイベントのLCU得点の合計得点が，150点から199点の場合，疾患の発症率は約40%，200点から299点の発症率は約50%，

300点以上の発症率は約80％であると報告している。

ライフイベント理論は，個人が経験したストレス強度を数値化することができる，という利点があり，単純明確であったため，多くのストレス研究に影響を及ぼした。しかし，これまでの研究から，LCU得点と健康状態との相関が低く，嫌悪的な生活事件を除くと，健康状態との相関はゼロに近くなること，また，個人の人生において，遭遇することがまれな出来事のみを取りあげていることなど，多くの批判がなされている。やがて，ライフイベント理論は，「ストレス戦争」とよばれるような論争の火種となった。

（3） ラザルスの心理・社会的ストレス理論

ホームズとレイのライフイベント理論に対し，長期にわたり，日常生活で繰り返し経験する些細な出来事（たとえば，受験勉強，交通渋滞，職場や隣人とのもめ事など），すなわち，日常苛立ちごとの重要性と，生体の主観的な認知の果たす役割を重視したのがラザルスである。ライフイベント理論では，同じようなストレッサーを経験しても，病気になる者もいれば，病気にならない者もいる，というストレス反応の個人差を説明することができない。こうしたストレス反応の個人差を，ラザルスは以下に説明する**認知的評価**，**コーピング**という媒介過程の個人差によって，説明しようとした（図4-6参照）。

1） 認知的評価
認知的評価とは，潜在的なストレッサーが個人の健康に関連しているかどう

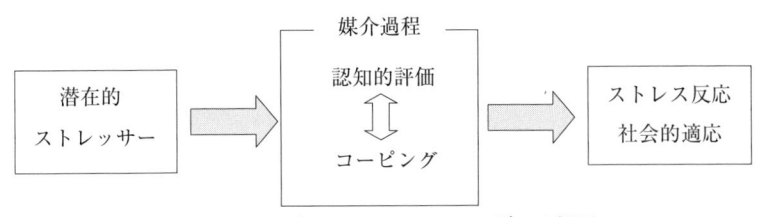

図4-6 ラザルスらのストレスモデルの概要

か，もし関連しているとしたら，何をなすのかに関する評価の過程を意味する。認知的評価は，潜在的なストレッサーに対する個人の主観的な評価であり，一次的評価，二次的評価に分類することができる。一次的評価とは，遭遇したストレッサーに対して，関係があるのかどうか，有害であるかどうか，ストレスフルであるかどうか，などの利害関係に関する評価である。二次的評価とはストレッサーとの遭遇に際して，何ができるのかに関する判断で，どのようなコーピングが選択・使用可能であるのか，選択したコーピングを効果的に使用できるかどうか，などの判断を含んだ評価である。潜在的なストレッサーがストレスフルであると評価され，はじめてストレッサーとなりえる。「自分には関係がない」「自分にとって有害ではない」，と判断すれば，もはやストレッサーではなくなるのである。

2) コーピング

ストレスフルであると判断されたストレッサーに対して，人にやつあたりしたり，お酒を飲むことで気を紛らわしたり，あるいは，問題そのものを解決しようとしたり，私たちはさまざまな方法で対処しようと努力する。この過程をコーピングという。

さまざまな視点から，多くの研究者によって，コーピングの分類がなされているが，ラザルスはコーピングを問題焦点型コーピング（ストレスフルな状況において生じている問題を解決することを通じて，ストレスを減少させることを目的としたコーピング方略群）と情動焦点型コーピング（ストレスフルな状況で喚起された不快な情動を鎮め，調節するコーピング方略群）の2つの次元に分類している。これらのコーピングに良し悪しや，用いるべき順序はない。状況によって個人が選択するコーピングは異なり，多くの場合，同時に，複数のコーピングを用いる。コーピング方略の例として，表4-3に，最近，最も使用頻度の高いコーピング尺度である COPE（Carver et al., 1989）の下位尺度を示す。

コラム14:「自分ではどうしようもない」と思うことがストレスになる

　同じようなストレッサーを経験しても,「何とかできる」状況と,「どうしようもない」状況では,ストレス反応の表出が異なる。
　ヴェイス（Weiss, 1972）はネズミに電気ショックを与え,実験後にできた胃潰瘍（いかいよう）の状況を調べた。ネズミにとって,電気ショックはストレッサー,胃潰瘍はストレス反応に相当する。A群のネズミには電気ショックが与えられるが,目の前の輪を回すことによって,そのショックから逃れることができる。B群のネズミは,A群のネズミが受けた電気ショックと同一のショックを受けるが,輪を回してもショックを逃避,回避することができない。つまり,A群の装置とB群の装置は連動しており,A群のネズミが輪を回すと,A群だけでなく,B群の電気ショックも停止する。実験の結果,両群のネズミに胃潰瘍が認められたが,A群のネズミと比較し,B群のネズミの潰瘍は著しかった。また,電気ショックは与えられないが,A群およびB群と同一の装置に入れられたネズミにも,わずかであるが胃潰瘍が認められた（ネズミにとって,見知らぬ装置に入れられることもストレッサーとなるため）。
　すなわち,同一のストレッサー（電気ショック）に遭遇しても,「どうしようもない状況」よりも,「自分で何とかなる状況」におかれたほうが,ストレス反応（胃潰瘍の程度）は緩和するのである。（加藤）

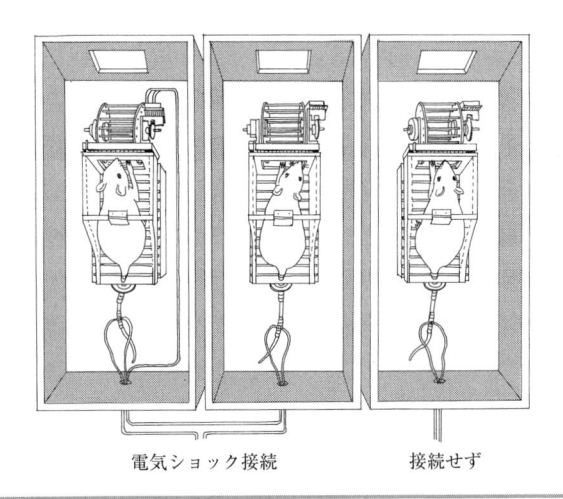

電気ショック接続　　　　　　接続せず

表 4-3　さまざまなコーピング方略

コーピング方略名	コーピング内容
積極的対処	ストレッサーを取り除いたり，乗り越えたり，あるいは，ストレッサーの影響を改善しようと取り組む
計　画	ストレッサーにどのように取り組むか考える
競合する行動の抑制	ストレッサーを処理するために，他の出来事に気をそらされないように努力する。必要ならば，他の事を差し置いて，ストレッサーに対処する
自制的対処	自制し，早計な行動を慎み，適切な機会が訪れるまで待つ
道具的サポート希求	経済的援助や具体的な行動的援助を，他者から得ようとする
情緒的サポート希求	他者から精神的な援助を得ようとする
肯定的再解釈・成長	ストレスフルな状況を肯定的に解釈する
受　容	ストレッサーを現実のものとして受け入れる
神頼み	神仏にすがる
感情表出	経験した苦痛や狼狽させる出来事に焦点をあて，これらの感情を表面に出す
現実否認	ストレッサーに直面していると信じようとしない，あるいは，まるで，ストレッサーは現実ではないように行動する
行動の放棄	ストレッサーに対処する努力を減らし，ストレッサーによって妨げられた目的を，達成しようとする試みさえもあきらめる
精神的開放	ストレッサーによって妨げられた目的や行動についての考えから気をそらすさまざまな試み。白昼夢，睡眠やテレビに夢中になることで逃げる，など
アルコール・薬物乱用	ストレッサーを忘れるため，アルコールや薬物を乱用する

3）トランスアクション理論

　ラザルスの心理的ストレス理論では，心理的ストレスを「個人の資源に負担を負わせたり，それを超越したり，健康（well-being）を脅かしている，と評価された人間と環境の特殊な関係」と定義し，人間と環境との関係をトランスアクショナルな関係としてとらえている。そのため，ラザルスの心理的ストレス理論は**トランスアクション理論**とよばれている。

コラム15：心的外傷後ストレス障害

心的外傷後ストレス障害（post-traumatic stress disorder），通常，**PTSD** とよばれ，わが国では，1995年の阪神・淡路大震災後，日常用語として用いられるようになった。アメリカでは，ベトナム帰還兵がさまざまな精神障害を訴え始めたころから，この症状が注目され，1980年，アメリカ精神医学会による精神疾患の診断手引きである DSM によって，その名が世に広まった。

PTSD は，戦争，テロ，自然災害，火災，交通事故，犯罪被害など，生死にかかわるような深刻な体験によって引き起こされる心理的，行動的障害を意味する。その影響は，交感神経系，視床下部—脳下垂体—副腎皮質（H-P-A軸：本文参照）などに，長期にわたる異常としてあらわれる。また，NK細胞（免疫細胞の一種）の活性が低下したり，海馬（情動や記憶の中枢と考えられている大脳皮質の一部）に萎縮が見られたという報告もなされている。

PTSD は，第1章で紹介された古典的条件づけによって獲得され，オペラント条件づけによって維持されると考えられている。不快な症状を引き起こすことのなかった中性刺激は，トラウマを経験することによって，トラウマ的出来事（無条件刺激）と対呈示される（パブロフの実験で，音と肉片を対呈示したことと同じ）。トラウマ的出来事は，恐怖反応などの心理・生理的な反応を誘発する経験であり（無条件反応），中性刺激とトラウマ体験との間に連合が形成される。その結果，実際に，トラウマ的出来事に遭遇しなくとも，中性刺激が条件刺激として作用し，恐怖反応などの心理・生理的な反応（条件反応）を引き起こすのである。多くの PTSD 患者は，そのような恐怖反応を引き起こす条件刺激から，逃れようとする。たとえば，電車脱線事故に遭遇した場合，電車（条件刺激）に乗ることを避けたり，電車が見えない場所に引っ越したり，外出すら避けたりする。このような回避・逃避行動は，恐怖反応が減少するなど，本人にとって，一時的に効果があるため，その行動は強化され，さらに，回避・逃避行動といった PTSD 症状が維持されることになる。

このような PTSD の治療には，消去の技法を用いた行動療法（学習理論に基づく行動変容法）の有効性が報告されている。消去技法には，恐怖反応が消去されるまで条件刺激にさらすフラッディング，逆制止による脱感作などがあるが，いずれにせよ，恐怖反応を生起させている条件刺激にさらすというエキスポージャーが基本となる。（加藤）

ラザルスのトランスアクション理論では，個人の心理的ストレス発生過程において，「潜在的ストレッサー→認知的評価→コーピング→ストレス反応（適応への結果）」という一連の流れを想定している。まず，個人がおかれている環境的要因，個人的要因によって，潜在化されたストレスフルなイベントとの遭遇が発生する。ストレッサーに遭遇した個人は，それが健康に関連しているかどうか，もしそれがストレスフルなものであるなら，どのようなコーピングが選択可能かという認知的評価がなされる。この認知的評価に基づきコーピングが選択され，その結果として，ストレッサーによるストレス反応（適応の結果）が決定する。この認知的評価とコーピングはストレッサーとストレス反応との間の媒介過程とされ，状況の変化や時間的経過によって何度も繰り返されると仮定されている。すなわち，コーピングを実行することで，ストレッサーそのものや認知的評価が変容し，その結果，選択するコーピングも変化する。また，認知的評価やコーピングを繰り返している間にも，別のストレッサーに遭遇し，認知的評価やコーピングが繰り返される。ラザルスのいうトランスアクションとは，このような生体と環境とのダイナミックな関係，双方向的関係をもつことを意味している。

　現在においても，ラザルスの心理的ストレス理論は，ストレス研究の中で大きな影響力を持ち，個人のストレス過程を理解する上で重要な理論のひとつとなっている。

第5章 性格

　パーソナリティ（personality）は，私たちにとって非常に身近なものである。「A君は楽観的な性格だね」「Bさんって，とても几帳面な性格なの」などというように，人のパーソナリティについての話題は日常会話で頻繁に見られる。また，パーソナリティは昔から多くの人に関心をもたれてきた。いちばん古いパーソナリティに関する記述は，紀元前3世紀の書物であるといわれている。本章では，このように人々の関心事になっているパーソナリティについて，心理学ではどのように扱われてきたのかを紹介する。

1．パーソナリティ

　冒頭の日常会話の例では，いずれもパーソナリティではなく**性格**（character）という言葉が用いられていた。しかし，最近の心理学では性格という言葉よりも，パーソナリティという言葉の方が，より一般的に用いられるようになっている。

　パーソナリティの語源は，ラテン語のペルソナ（persona）であるといわれている。ペルソナは，古代ギリシャの劇中で役者がかぶっていた仮面であった。役者はそれぞれ異なる仮面をかぶっており，その仮面の違いが劇中での役割の違いを表していた。そのことが転じて，ペルソナは劇中での役割や役者そのものを表すようになり，その人の社会的役割などのパーソナリティを表すようになった。

現在では、パーソナリティの定義を以下のようにまとめることができる。パーソナリティとは、その人らしさを表わす特徴を統合した、一貫性のある安定的・全体的な行動傾向である。性格には感情や意志という特徴しか含まれないのに対して、パーソナリティには性格の特徴のほかにも知能、態度、興味、価値観など、その人らしさを表すすべての特徴が含まれる。たとえば、ある人の知能に関して「あの人は賢いパーソナリティだね」という表現は正しくとも、「あの人は賢い性格だね」という表現は、厳密な意味では誤りである。このように、人の個性を表す言葉として、パーソナリティの方が性格よりも広い意味で用いられている。

2．パーソナリティの理解

(1) 類型論

1) 類型論

「あの人は徳川家康タイプだね」というように、私たちは人のパーソナリティを歴史上の人物などにたとえて理解することがある。そのことにより、その人がおおよそどんな人物であるかをとらえることができる。たとえば、上述の徳川家康タイプであれば、義理堅く辛抱強いパーソナリティであることが思い浮かぶ。このようなパーソナリティのとらえ方を、**類型論**という。類型論は、ガレノス（Galenos, C.）が4種類の体液の割合によってパーソナリティを分類したことなど、古代ギリシャに端を発し、その後実証的な研究が主にヨーロッパでなされてきた。

2) クレッチマーの類型論

類型論の代表的なものに、ドイツの精神医学者である**クレッチマー**（Kretschmer, E.）による体型論がある（図5-1参照）。クレッチマーは臨床経験から、精神分裂病（現在では、統合失調症とよばれている）の患者に痩せ

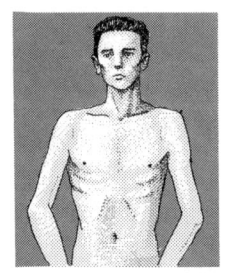

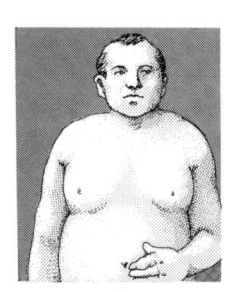

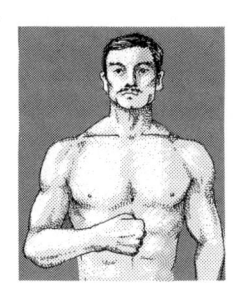

細長型　　　　　　　　肥満型　　　　　　　　闘士型

図5-1　クレッチマーの3類型 (クレッチマー, 1960)

ている細長型の人が多く，躁うつ病（現在では，気分障害とよばれている）患者に太っている肥満型の人が多く，てんかん（現在では脳の慢性の病気であることが明らかとなり，精神病というカテゴリーからは除かれている）患者に筋肉質である闘士型の人が多いと考えた。

　その後，クレッチマーは，患者が病気にかかる前のパーソナリティや，患者の親戚のパーソナリティなどを調べた。その結果，細長型の人は精神分裂病患者に似た分裂気質，肥満型の人は躁うつ病患者に似た循環気質，闘士型の人はてんかん患者に似た粘着気質をそれぞれもっている人が多いと推測した（表5-1参照）。分裂気質は，臆病，恥ずかしがり，敏感などの過敏性を表す特徴と，従順，気立てよし，正直などの鈍感性を表わす特徴を，それぞれ併せ持つ。循環気質は，明朗，ユーモアあり，活発などの躁状態を表わす特徴と，寡黙，平静，陰鬱などのうつ状態を表わす特徴を，それぞれ併せ持つ。粘着気質は，精神的テンポが遅い，迂遠冗長でまわりくどい，人に対してていねいな

表5-1　体格と精神病の関係 (%) (Kretschmer, 1955をもとに作成)

	肥満型	細長型	闘士型	発育不全型	特徴なし
精神分裂病	13.7	50.3	16.9	10.5	8.6
躁うつ病	64.6	19.2	6.7	1.1	8.4
てんかん	5.5	25.1	28.9	29.5	11.0

表5-2　クレッチマーによる3気質の特徴　(Kretschmer, 1955；宮城, 1960をもとに作成)

分裂気質	基本特徴：非社交的，静か，控えめ，真面目（ユーモアを解さない），変人 過 敏 性：臆病，恥ずかしがり，敏感，感じ易い，神経質，興奮しやすい 鈍 感 性：従順，気立てよし，正直，落ち着き，鈍感，愚鈍
循環気質	基本特徴：社交的，善良，親切，温厚 躁 状 態：明朗，ユーモアあり，活発，激しやすい うつ状態：寡黙，平静，陰鬱，気が弱い
粘着気質	基本特徴：かたい人間，物に熱中する，きちょうめん，秩序を好む 粘 着 性：精神的テンポが遅い，迂遠冗長でまわりくどい，人に対してていねい，いんぎん 爆 発 性：興奮すると夢中になる，怒りやすい

どの粘着性を表す特徴と，興奮すると夢中になる，怒りやすいなどの爆発性を表す特徴を，それぞれ併せ持つ（表5-2参照）。

　この理論は，クレッチマー自身の臨床経験に基づき，体型とパーソナリティを結びつけた点が大きな特徴である。しかし，たとえば，細長型から肥満型へ体型が変化すれば，それに伴い分裂気質から躁うつ気質に変化するのかどうか，また，3つの気質が完全に独立したものであり，重複する部分はないといえるのかどうかなど，問題点もいくつか残されている。そのため，現在ではほとんど用いられていない。

(2) 特 性 論

1) 特 性 論

　類型論がタイプに分類することで，個人のパーソナリティを理解しようとする立場をとるのに対して，**特性論**は，パーソナリティを表す特徴（パーソナリティ特性）の程度によって，個人のパーソナリティを理解しようとする立場をとる。たとえば，外向性というパーソナリティ特性を測定する質問項目に対して，個人に回答を求め得点化する。そして，その得点の高低により，その個人における外向性の量的な程度が表される。特性論では，「外向性得点がAさんは10点で，Bさんは2点だから，Aさんの方がBさんよりも外向的である」というように，個人と個人との量的な比較をすることができる。また，複数の

第5章 性 格 83

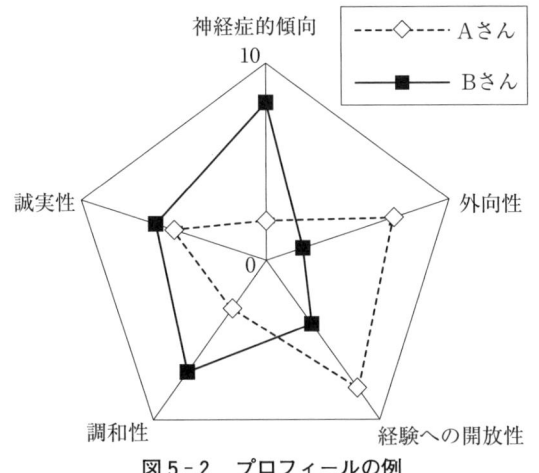

図5-2 プロフィールの例

パーソナリティ特性を測定し、その得点をもとにプロフィールを作成し、どの特性が高く、どの特性が低いかを視覚的に理解することもできる（図5-2参照）。

2） アイゼンクの特性論

アイゼンク（Eysenck, H. J.）は、精神医学的診断結果、パーソナリティ検査の結果、動作性検査の結果、身体測定の結果など、個人にかかわるさまざまな特性を測定した。そして、得られたデータを**因子分析**という統計手法を用いて分析した。因子分析は、多様なパーソナリティ特性の背後に潜む共通特性（複数の項目の特徴が集約されたもの）を見つけ出す方法である。たとえば、グレープフルーツ、オレンジ、レモンがともに好きな場合、その背後に「酸っぱい果物が好き」という共通特性が潜んでいる可能性がある。それを数量的に見つけ出すのが、因子分析である。

1950年代、アイゼンクは因子分析の結果から、パーソナリティ特性を**外向性―内向性**と**神経症的傾向**の2つの次元で説明しようとした。外向性―内向性の次元は、個人の大脳皮質の興奮過程と制止過程のどちらが優勢かを表す次元である。外向的な人は、興奮過程よりも制止過程の方が優位であるために、すぐ

に大脳皮質の興奮が制止してしまう。このことから，外向的な人は常に強い刺激を求め，活動的であるということが仮定されている。一方内向的な人は，制止過程よりも興奮過程の方が優位であるために，些細な刺激でもすぐに大脳皮質が興奮してしまう。このことから，内向的な人は刺激を回避する傾向があると仮定されている。神経症的傾向の次元は，個人の交感神経系の興奮しやすさを表わす次元である。神経症的傾向の高い人は，ストレスにさらされた場合，交感神経系が興奮し易く，情緒不安定であると仮定されている。他方神経症的傾向の低い人は，ストレスにさらされても交感神経系の興奮があまり生じず，情緒が安定していると仮定されている。

さらに，アイゼンクはこの2次元を頂点とする階層構造を考えた。特殊的反応は，同一状況において，同じように繰り返される個人の行動であり，習慣的反応は，さまざまな状況で同じように繰り返される個人の行動である。また，特性は習慣的反応がいくつも集まった行動であり，類型は特性がいくつも集まった行動である。

アイゼンクの理論では，階層構造を考えた点，類型論的な考え方を特性論に組み入れた点が，大きな特徴である。アイゼンク以降，アイゼンクの外向性―内向性と神経症的傾向という2つのパーソナリティ特性は，パーソナリティの基本次元として認知されるようになった。

3) ビッグファイブ

最近の研究では，パーソナリティを5つの基本的特性によって，とらえようとする考え方が主流になっている。5つのパーソナリティ特性は，**ビッグファイブ**（big five）とよばれている。ビッグファイブは1940年代の終わり頃に提唱されはじめ，1990年代には多くの研究者に賛同されるようになった。ビッグファイブのそれぞれの名称やそれが意味する内容は，研究者によって多少のことなりが見られるものの，多くの研究者によって，繰り返し，以下の5つの基本次元が見出されている。その5つのパーソナリティ特性とは，**外向性，神経症的傾向，経験への開放性，調和性，誠実性**である（表5-3参照）。

表5-3　Goldberg (1990) によるビッグファイブの特徴

ビッグファイブ	内容
激情性（外向性）	元気，話し好き，社交的，自発的，陽気，冒険，気力，独断，うぬぼれ，無分別，官能性など
協調性（調和性）	信頼，温和，寛大，協調性，耐久力，礼儀正しさ，利他主義，暖かさ，正直など
良心性（誠実性）	勤勉，秩序，自己訓練，福音主義，一貫性，親切，信頼性，知的素養，形式尊重，洞察，狂信的，成熟，冷静，倹約など
情緒安定性（神経症的傾向）	耐久性，落ち着き，独立独行，無感覚，率直など
知性（経験への開放性）	賢明，独創力，客観性，知識，熟考，芸術など

「外向性」および「神経症的傾向」は，アイゼンクの2つの次元とほぼ対応している。「経験への開放性」は，知的好奇心や多様性を求める欲求，創造性など知性に関する特性の程度である。「調和性」は，他者への思いやりや優しさ，信頼感など協調性に関する特性の程度である。「誠実性」は，達成動機や物事に秩序を求める傾向など，責任感に関する特性の程度である。

5つの次元ですべてのパーソナリティの特徴を完全に説明できるものではないこと，5つの次元にそれぞれ対応する生物学的な根拠が乏しいこと，5つの次元の根拠が因子分析の結果以外に無いことなどが，ビッグファイブの問題点としてあげられる。

4）類型論と特性論との異なり

類型論は，個人の人物像を一言で説明することができる。しかし，タイプとタイプとの間の中間的なタイプは無視される。そして，個人をひとつのタイプにあてはめると，その個人はそのタイプの特徴しか持ち合わせていないことになってしまい，他のタイプの特徴を持っていたとしても見落とされる危険性がある。一方，特性論は，個人の人物像を細かく客観的にとらえようとすることで，パーソナリティの詳細な説明ができる。しかし，測定した指標があまりにも多すぎる場合，パーソナリティの全体像がぼやけてしまい，理解できなくな

コラム16：血液型による性格判断と偏見

　日本では，血液型による性格占いが非常に浸透している。「△型の人は几帳面」「×型の人はマイペース」というように，ABO式の血液型によってそれぞれ性格が異なる，と信じている人も多いであろうが，心理学の研究では血液型による性格の違いを一貫して実証している研究はなく，血液型と性格との関連がないことや，血液型による性格判断の弊害を主張する研究が多い。

　「娯楽や楽しい話題として血液型を使って，何が悪いのだろう」と思う人もいるであろうが，血液型性格判断は，実は大きな問題とつながっている。ABO式の血液型の4カテゴリーによって人を分類し，その分類に応じて固定的な性格を当てはめる考え方は，人種や性別によって人の特徴を判断することと同様に，ステレオタイプの一種とされている。ステレオタイプの内容は肯定的なものばかりでなく，時に否定的な評価や感情を含むことがある。こうした否定的な評価や感情と結びついたステレオタイプは，偏見とよばれる。すなわち，「△型の人は几帳面」「×型の人はマイペース」といった楽しい血液型性格判断は，「△型の人は頑固で融通が利かないから友達になりたくない」「×型の人は自己中心的だから嫌い」といった偏見と同じ種類の思考様式なのである。

　「血液型性格判断では否定的な話はでない」とか「たとえ否定的な内容が話されても，本当に信じている人はいない」と思う人もいるであろうが，松井・上瀬（1994）では，特定の血液型（少数派の血液型）に対して否定的な感情が抱かれていることが明らかにされている。具体的には，「○型の人の隣には住みたくない」や「○型の人とは結婚したくない」という特定の血液型に対する否定的な考えを，回答者全体の2割を超える者が肯定していた。また，「相手の血液型によって，接し方を変える」という意見を1割程度の者が肯定しており，少数ではあるが，実際に行動の指針として血液型を用いている者がいた。

　たしかに，すべての人が特定の血液型に対して否定的イメージを抱いているわけではなく，娯楽として楽しむだけの人ももちろんいるが，血液型性格判断に基づいた偏見を抱いている者がいることも事実である。単なる遊びとして興じているつもりの血液型性格判断が，社会の中の偏見や差別と密接につながっていることを忘れてはならない。（畑中）

る恐れがある。

（3） 最近のパーソナリティ理論

1） クロニンジャーのパーソナリティ理論

　近年，4つの気質と3つの性格でパーソナリティをとらえようとする理論が，**クロニンジャー**（Cloninger, C. R.）らによって提唱されている。この考え方を，**気質と性格の7次元モデル**という。4つの気質とは，「新奇性追求」「損害回避」「報酬依存」「固執」である。これらは，それぞれ遺伝性であり，主として幼年期に出現し，認知記憶や習慣形成の際に前概念的バイアスを伴うものと仮定されている。

　「新奇性追求」とは，個人の行動を触発させるパーソナリティ特性であり，探索行動や摂食行動，能動的回避や逃避などの反応を引き起こすことが仮定されている。「損害回避」とは，個人の行動を抑制するパーソナリティ特性であり，受動的回避や反応の消去を引き起こすことが仮定されている。「報酬依存」とは，個人の行動を維持させるパーソナリティ特性であり，消去抵抗として出現する反応の持続を引き起こすことが仮定されている。「固執」とは，個人の行動を固着させるパーソナリティ特性であり，疲労や部分強化によって欲求不満が生じても，反応の持続を引き起こすことが仮定されている。また，「新奇性追求」「損害回避」「報酬依存」は，ドーパミン，セロトニン，ノルエピネフリンという神経伝達物質とそれぞれ関連があると仮定されている。

　一方，3つの性格とは，「自己志向」「協調」「自己超越」である。「自己志向」とは，目的や価値観に従い行動を調整する能力を示すパーソナリティ特性であり，自己を自立的個人と位置づけることが仮定されている。「協調」とは，他者との協調性を示すパーソナリティ特性であり，自己を他者との関係においてとらえることが仮定されている。「自己超越」とは，自分が全体の一部分であるという感覚を示すパーソナリティ特性であり，自己を宇宙との統合的関係においてとらえることが仮定されている。これらは，それぞれ環境的な影響が強いとされている。クロニンジャーの理論では，パーソナリティを先天的

な気質と後天的な性格とにはっきりわけ,気質が遺伝子や神経伝達物質との関連性を検証した点などが大きな特徴である。

3. パーソナリティの形成

「私はとても短気だけど,うちのお父さんはやはり短気だから,きっとその部分が遺伝したのだわ」といったように,パーソナリティが遺伝で決まるという話がよくされる。優生学で有名なゴールトン (Galton, F.) は,優秀な人物の家系を辿ると,先祖も優秀な人物が多いと報告している。優秀な人物は優秀な先祖の遺伝子を受け継いでいるため,遺伝の影響を完全に否定することはできない。しかし,一緒に住んでいる優秀な家族の行動を模倣して身につけるというように,環境の影響も受けているのである。このように,家系研究では遺伝の影響と環境の影響を分離することができない。そこで,双子を対象にした**双生児研究**が行われている。

双生児研究とは,特定のパーソナリティの形成について,遺伝の影響が強いのか,それとも環境の影響が強いのかを調べる方法である。そのひとつに,一卵性双生児と二卵性双生児を比較する方法がある。一卵性双生児は,ひとつの受精卵が発達の途中で分離したため,遺伝子の組み合わせが同一である。原則として同性のペアになる(異性のペアも,少数みられる)。一方,二卵性双生児は,2つの卵子がそれぞれ別々に受精して発達したため,遺伝子の組み合わせは兄弟程度の違いがあり,同性のペアの場合もあれば異性のペアの場合もある。あるパーソナリティ特性の一致率が一卵性双生児で高く二卵性双生児では低い場合,そのパーソナリティ特性の形成は遺伝的な影響が強く,両者に明確な差が見られない場合には環境的な影響が強いと判断する。

なお,現在ではパーソナリティ形成に及ぼす遺伝と環境の効果を統計的に分離する,**行動遺伝学** (behavioral genetics) が注目されている(コラム⑰を参照)。

コラム17：行動遺伝学

　近年，双生児研究などによって心や行動の遺伝規定性を間接的に推定する，行動遺伝学が注目されている。行動遺伝学は，パーソナリティ検査のような心理学的データに量的遺伝学のモデルを当てはめたものである。そして，遺伝の影響の強さを推定するだけではなく，家庭環境の影響の有無，遺伝や環境の影響の発達的変化，遺伝と環境との相互作用の様子，遺伝要因の因子分析など，さまざまなテーマを扱う。これらのことから，行動遺伝学ではパーソナリティ特性の遺伝規定性を検証することができる。

　行動遺伝学では，パーソナリティ特性を「表現型（P）」とみなし，その個人差を，「遺伝子型（G）」および「環境（E）」の両側面の影響力をふまえて，モデルが考案されている。このモデルは，$P=G+E$ と表わされる。Pは表現型値であり，たとえば，外向性尺度の得点が当てはまる。Gは遺伝子型値であり，たとえば，外向性に影響を与えると仮定されている数多くの遺伝子から得られる効果の総和を表している。行動遺伝学では，特定のパーソナリティ特性は単一の遺伝子のみから影響を受けているのではなく，数多くの遺伝子から影響を受けていると考えている。Eは環境の効果を表している。行動遺伝学では環境の効果を，「共有環境」の効果と，「非共有環境」の効果とに分けて考えている。「共有環境」とは，家族の成員同士が共有する環境の効果である。「非共有環境」とは，家族の成員でも共有せず，一卵性双生児でさえも違いを生み出すような，それぞれの個人ごとに特有な環境の効果である。

　チャンら（Jang et al., 1996）は，ビッグファイブ（外向性，神経症的傾向，経験への開放性，調和性，誠実性）それぞれについて，遺伝と環境のどちらの影響がより強いのか，双生児研究によって検討した。その結果，すべての特性で二卵性双生児のペアよりも一卵性双生児のペアの方が，相関係数が高かった。一卵性双生児では，外向性0.41，神経症的傾向0.55，経験への開放性0.58，調和性0.41，誠実性0.37であり，二卵性双生児では，外向性0.18，神経症的傾向0.23，経験への開放性0.21，調和性0.26，誠実性0.27であった。また，環境の影響は，共有環境の影響よりも非共有環境の影響の方が，推定値が高かった。これらのことは，ビッグファイブは遺伝規定性が強く，共有環境の影響よりも非共有環境の影響の方が強いことを示している。（友野）

4．パーソナリティの測定

(1) 質問紙法

　質問紙法は，複数の質問項目を記載した質問紙を用いて，パーソナリティを測定する方法である。たとえば，「私はたくさんの人と出会うことが好きです」「私は普段緊張しやすいほうです」など，複数の質問項目に対して，「はい」「いいえ」の2段階や，「あてはまる」「あてはまらない」「どちらでもない」の3段階などで被験者に回答させる。実験者はその回答を統計分析にかけ，被験者のパーソナリティを客観的に測定する。この方法は，一度に大人数で実施することができる，検査の実施や採点が簡単である，などの長所がある。一方，質問項目の意味がわからないと的外れな回答になる，意識的，無意識的に回答を歪める，パーソナリティの表面的な部分しかとらえられない，という短所もある。

1）　Y-G性格検査

　Y-G性格検査（矢田部―ギルフォード性格検査）は，ギルフォード（Guilford, J. P.）が作成したパーソナリティ検査をもとに，矢田部達郎が日本人向けに作成したものである。12の特性に関する質問項目がそれぞれ10問，計120問で構成されている。被験者は，それぞれの質問項目に対して，自分にあてはまるかどうか「はい」「いいえ」「？」のいずれかを選択する。実験者は，被験者の回答をもとにプロフィールを作成する。そして，プロフィールのパターンによって，個人を5つのタイプに分類する（図5-3参照）。
　「A型（平均型）」は，すべてのパーソナリティ特性について平均的な状態を示す調和的適応的なタイプである。「B型（不安定不適応積極型）」は，情緒不安定，社会的不適応，活動的，外向的な反社会的行動タイプである。「C型（安定消極型）」は，消極的，安定的，もの静かで内向的なおとなしいタイプで

第5章 性格 91

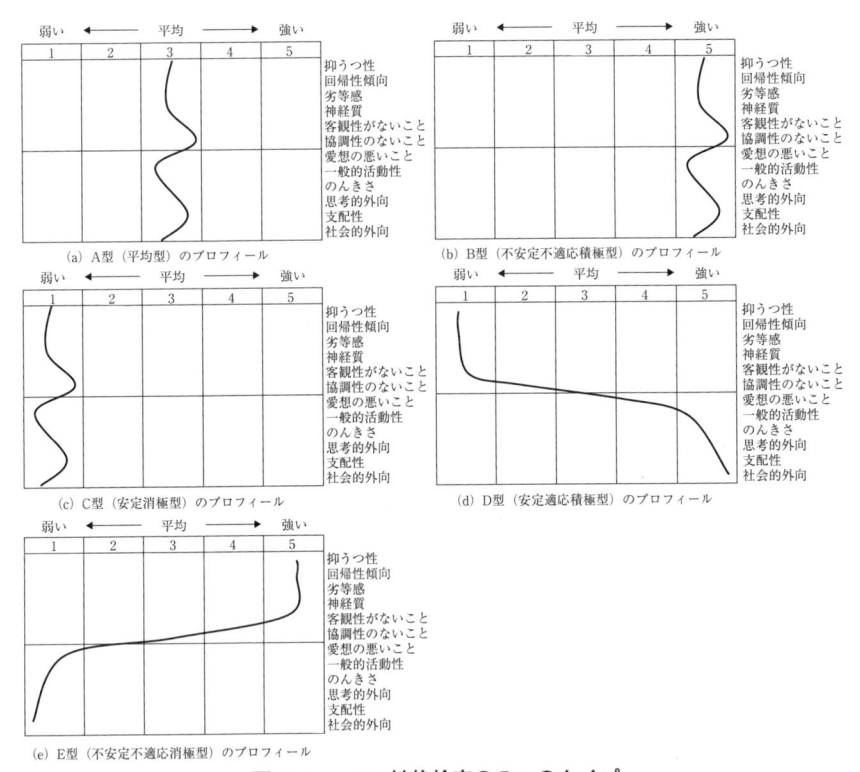

図5-3 Y-G性格検査の5つのタイプ

(a) A型（平均型）のプロフィール
(b) B型（不安定不適応積極型）のプロフィール
(c) C型（安定消極型）のプロフィール
(d) D型（安定適応積極型）のプロフィール
(e) E型（不安定不適応消極型）のプロフィール

ある。「D型（安定適応積極型）」は，情緒安定，社会的適応，活動的で対人関係もうまくいき，学校でも問題は少なく会社では営業成績の良い，最も理想的なタイプである。「E型（不安定不適応消極型）」は，情緒不安定，社会的不適応，非活動的，内向的な非社会的行動タイプである。このように，Y-G性格検査は類型論と特性論の考え方をそれぞれ組み合わせた形で，パーソナリティを理解することができる。

わが国では進路指導や生徒指導，採用試験や人事異動などの参考資料として，Y-G性格検査が用いられることがある。しかし，Y-G性格検査の信頼性と妥当性に関して，多くの問題が指摘されているため，心理学的学術研究で

は，Y-G性格検査はほとんど用いられない。

2) ミネソタ多面的人格目録

ミネソタ多面的人格目録（MMPI：Minnesota Multiphasic Personality Inventory）は，ハサウェイ（Hathaway, S. R.）とマッキンレー（Mckinley, J. C.）が作成したパーソナリティ検査である。550項目について，自分にあてはまるかどうか「あてはまる」「あてはまらない」「どちらでもない」のいずれかを選択し，プロフィールを作成する。この検査は，本来うつ病や精神分裂病などの精神障害を診断するために作成されたが，パーソナリティを測定することにも用いられている。また，被験者が不適切な回答をしていないかどうかを判別するための工夫として，妥当性尺度が考案されている（表5-4参照）。現在においても，MMPIの妥当性に関する研究が続けられており，多くの研究で用いられている。

（2）投 影 法

投影法は，主に，漠然としたあいまいな絵や図形などを見て，それに対してどのような意味づけをするかによって，あるいは絵や作品，不完全な文章を完成させたりすることによって，パーソナリティを測定する方法である。この方

表5-4　**MMPIの妥当性尺度**（日本MMPI研究会，1969をもとに作成）

?	疑問点	「どちらでもない」と回答した個数 この得点が高いと，プロフィール全体の得点が下がり，解釈の妥当性が低下する
L	嘘構点	自分を実際よりも良く見せかけようとする程度 例：「時々腹を立てる」という項目に対して「ちがう」と回答する
F	妥当性得点	受験態度の悪さと精神病理の程度 例：「誰かが私を毒殺しようとしている」という項目に対して「そう」と回答する
K	K点	検査に対する防衛的態度，および精神疾患の弁別力を高める修正得点算出に使用

法は，検査の意図が被験者にはわかりにくいため，回答を歪めることが少ない。このことから，投影法はパーソナリティの潜在的な部分を測定することができると仮定されている。しかし，実験者によって評定が異なる，実験者と被験者との関係性によって回答が変わってしまう，などという問題点もある。

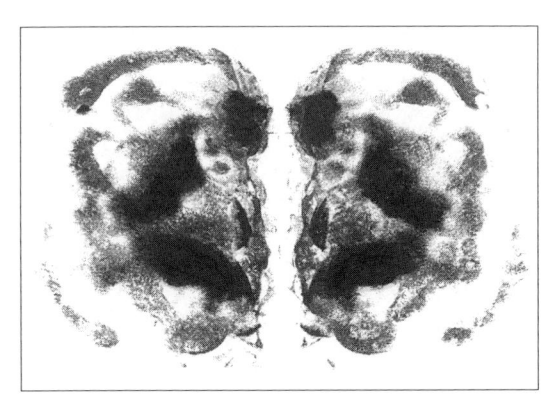

1） ロールシャッハテスト

ロールシャッハテストは，ロールシャッハ（Rorschach, H.）が開発した，10枚の図版を用いる検査である。それぞれの図版には，異なる左右対称のインクのシミが描かれている（筆者が作成した模擬図版の図5-4参照）。被験者は10枚の図版を順番に1枚ずつ見て，主に，「何が見えたか」「図版のどこに見えたか」「なぜそのように見えたか」を回答する。実験者は，被験者の回答を記号化し，集計・整理する。この検査では，被験者の知的側面や情緒的側面，対人関係のあり方などがとらえられると仮定されている。しかし，結果の信憑性に多くの疑問が投げかけられている（コラム⑱参照）。なお，ロールシャッハテストの他にも，さまざまな投影法によるパーソナリティ検査が開発されている。表5-5に，おもなものを示す。

図5-4　ロールシャッハテストの模擬図版

表5-5 その他の投影法

テストの名前	考案者	実施方法
TAT	マレーとモーガン	絵画を見て，物語を作る
P-Fスタディ	ローゼンツァイク	絵画を見て，対する反応を吹き出しに記入する
ソンディテスト	ソンディ	顔写真を見て，好きな写真と嫌いな写真を選ぶ
文章完成法	佐野勝男と槇田仁	短い不完全な文章を見て，続きを考える
バウムテスト	コッホ	一本の実のなる樹木を描く
H-T-P	バック	家(house)，樹木(tree)，人物画(person)を描く
人物画テスト	マコーヴァー	人物画を描く
動的家族描画法	日比裕泰	自分を含む家族が何かしているところの絵を描く
コラージュ技法	杉浦京子と森谷寛之	雑誌などの切り抜きを台紙に貼り付ける

図5-5 TATの模擬図版

図5-6 P-Fスタディの模擬図版

（3） 信頼性・妥当性について

パーソナリティを適切に測定するためには，信頼性と妥当性を兼ね備えたパーソナリティ検査を用いることが重要である。ここでは，信頼性と妥当性について説明する。

1） 信 頼 性

信頼性（reliability）は，パーソナリティ検査の得点が，偶然的要因によっ

て変化する度合いの少なさを表す指標である。たとえば，ある外向性尺度で外向性を測定し，得点が50点だったとしよう。その後期間をおいてもう一度同じ尺度で外向性を測定し，得点が50点に近くなれば，偶然による誤差の影響は小さく，その外向性尺度の信頼性は高いといえる。しかし，得点が50点から遠くなれば，偶然による誤差の影響が大きく，その外向性尺度の信頼性は低いといえる。このように，複数回の測定で検討される信頼性を，特に安定性という。また，信頼性の高さを表す値を，信頼性係数という。信頼性係数の値は，直接求めることができないので，さまざまな方法で推定することになる。信頼性を推定する方法には，再検査法，平行検査法，折半法，内的整合性による方法などがある。

2） 妥 当 性

妥当性（validity）は，パーソナリティ検査が測定すべきパーソナリティ特性を，どの程度正確に測定できているかを表す指標である。パーソナリティ検査は，直接観察可能な物体の長さをターゲットにしている定規などとは異なり，直接観察不可能なパーソナリティ特性をターゲットにしているので，どの程度正確に測定できているのかが不明である。そこで，妥当性を検証する必要がある。妥当性には，内容的妥当性，基準関連妥当性，構成概念妥当性などがある。

内容的妥当性は，パーソナリティ検査の項目が，測定しようとしている内容を偏りなく反映しているかどうかを表す指標である。たとえば，外向性尺度の場合，友人関係に関する項目しか含まれていなければ，内容的妥当性は低いと考えられる。内容的妥当性を高めるためには，先行研究などをもとに外向性についてすべての領域を検討し，偏りのない項目を作成した上で，外向性が測定できているかどうかを繰り返し検討する必要がある。

基準関連妥当性は，基準となる外的な指標との関連性を意味する。基準関連妥当性には，予測的妥当性と併存的妥当性がある。予測的妥当性は，あるパーソナリティ検査で測定された結果から，実際の行動をどの程度予測できるかを

コラム18：投影法の問題

　TVや雑誌に「心理テスト」と称される記事を見つけると，なんとなくやってみたくなる人がいるかもしれない。通常，多くの人が容易に目にすることのできるところには，私たち研究者たちが用いる「心理テスト」は存在しない。テレビや雑誌の「心理テスト」と，私たちが用いる「心理テスト」との間に，テストの信頼性と妥当性という大きな壁によって仕切られている。しかし，自称心理学者も含め，研究者が用いている「心理テスト」，とくに投影法には問題点が山積している。

　投影法のなかで，最もデータの蓄積がなされている検査法はロールシャッハテストであろう。ロールシャッハテストは，開発して間もない頃から現代に至るまで，多くの科学者たちから批判され続けてきた。当初の主な問題点であった「検査の手続きが人によって異なっている」，一般人の平均値など「基準となるデータがない」などの問題は，エクスナー（Exner, J.E.）によって開発された方法によって，ほぼ解決された。しかし，根本的な問題は，依然として残されたままであった。

　エクスナーが開発したロールシャッハテストでは，定められた詳細なルールに基づき，100以上の変数について，被験者の反応を記号化し，その結果を解釈する。通常，検査とよばれるものは，誰が行っても，その結果は同じでなければならない。しかし，エクスナーのロールシャッハテストを用いたある研究では，半数程度の変数において，結果の評定が検査者によって，大きく異なることが報告されている。そもそも，多くの投影法では，検査をする検査者の「勘」や「経験」を頼りに，検査結果の診断がなされていることが多いのが現状である。このように直観を頼りにする臨床心理家は，精神的な状態を，より異常であると評価する傾向が高いことも明らかにされている。

　さらに，ロールシャッハテストでは，多くの精神疾患を診断できないということが明らかにされている。ある研究では，献血に参加した成人に対し，ロールシャッハテストを実施したところ，6名に1名の割合で，精神分裂病と診断された。もちろん，すべての被験者は健康な人物である。このことは，ロールシャッハテストの妥当性の低さを示している。ロールシャッハテストだけではなく，多くの投影法についても信頼性と妥当性の問題が指摘されており，テレビや雑誌の「心理テスト」と投影法との間の「信頼性と妥当性」という壁はないに等しいのかもしれない。

（加藤）

表すものである。たとえば，抑うつ尺度で高得点を取った人が実際にうつ病と診断されれば，その尺度の予測的妥当性が高いと考えられる。一方，併存的妥当性は，あるパーソナリティ検査が，同じ概念を測定しているパーソナリティ検査と，どの程度一致しているかを表すものである。たとえば，新しく開発された，項目数が少ない外向性尺度と，既存の，項目数が多い外向性尺度との間に相関関係が認められた場合，その尺度の併存的妥当性が高いと考えられる。なお，相関関係（2変数間の関連性）を表す値のことを相関係数という。相関係数は，絶対値1に近似するほど，2変数間の関連性が強いことを表している。

　構成概念妥当性は，そのパーソナリティ検査で測定される内容が，理論的に予測されるほかの概念などと，どの程度関連しているか，ということを表す指標である。たとえば，外向性が高い人は人づき合いを好むので友人の数が多い，という理論的な予測を立てたとする。そして，外向性尺度の得点と実際の友人数との間に相関関係が認められた場合，その尺度の構成概念妥当性が高いと考えられる。

第6章 発達と教育

　人間はどのようにして人間となるのだろうか？　ひとりでに人間となっていくわけではないだろう。幼い子どもは，親や大人などの周りの人間とのかかわりを通して大きな成長を遂げていく。そこには，「こころ」が育ち，育まれていく過程がある。本章では，発達と教育の問題に関して心理学が明らかにしてきた知見をもとに，人間が人間となるとはどういうことかについて考えを深めていくこととする。

1．人のきずなの大切さ

（1）「きずな」はどのようにして作られるか

1）スキンシップの重要性
　この世に生を受けた子どもは，親との間に「きずな」を結ぶ。親をはじめとする周りの人たちとの「きずな」を基にしたかかわりを通して，子どもは成長し，発達を遂げていく。生まれて間もない赤ん坊は一見すると未熟で無力なように思われ，親からの一方向的なかかわりに依存しているように思われる。しかし，はたしてそうなのだろうか。
　ハーロウ（Harlow, H.F.）は，生後間もないアカゲザルの子を母親から隔離し，授乳装置がついているが針金製の代理母親と，布製の柔らかい代理母親のもとで飼育し，その様子を調べている（図6-1参照）。子ザルは，針金製より

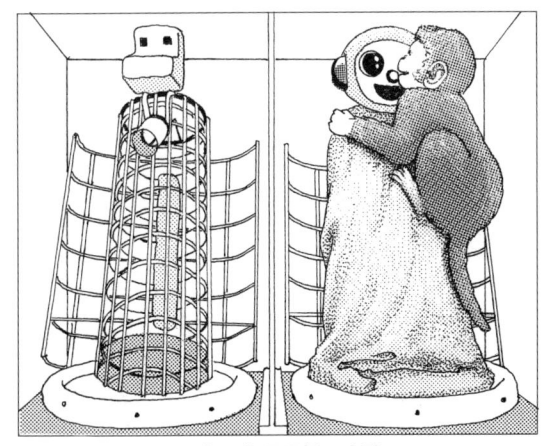

図 6-1　ハーロウの代理母親の実験 (Harlow, 1958)

も布製の代理母親のもとで長い時間を過ごし，見慣れないものが出てくると布製の代理母親にしがみつき，それから少しずつ探索行動を示すようになっていった。ハーロウは，子ザルの行動は接触欲求に動機づけられたものであると説明している。このような愛情的な欲求は，食欲などの他の欲求に基づくものではない一次的な欲求であり，人間にも生理的に備わっているものと考えられている。

2）愛情のあるつながり

　ハーロウは，授乳よりも接触の経験が子どもと親との結びつきに重要であることを示したが，**ボウルビー**（Bowlby, J.）は，**愛着（アタッチメント）**という用語でこれを説明している。ボウルビーによれば，愛着とは，ある生活体と他の特定の生活体との間に形成される情愛的な「きずな」のことをいう。

　乳児に生得的に備わった，愛着を形成する基となる適応的な行動型として次の3つをあげることができる。

① 定位行動……養育者の様子を視覚的，聴覚的につかむことで，養育者の位置を確認することができる。
② 信号行動……微笑，発声，泣きなどによって，養育者の注意を促すこと

ができる。
③ 接近行動……後追い，しがみつきといった行動で，離れていこうとする養育者との接近を維持しようとする。これらの行動は，子どもと養育者との間の相互交渉を促すはたらきをもっている。

3） 愛着の測定

愛着はどのように測定されるのであろうか。**エインズワース**ら（Ainsworth, M.D.S.）は，**ストレンジ・シチュエーション法**という愛着の質を測定する方法を開発している。新奇な部屋（実験室）において親子が分離と再会を2回ずつ繰り返し，その時の子どもの反応が観察される。親子が別れた後の再会場面で示す反応から愛着の質を以下の3つに分類する（図6-2）。
① 回避型……母親と分離してもぐずらず，母親に再会しても関心を示さない，母親がかかわろうとしても回避してしまう子どもである。
② 安定型……分離時には泣いて母親を求めるが，再会時にはすぐに落ち着き，喜びを示す子どもである。そのような子どもは，母親を安全基地として活発に，探索や遊びに没頭できる。
③ 両価（アンビバレント）型……母親との分離に強い不安を示し，再会時には接触を求める一方で，激しい怒りをあらわし，叩く，蹴るなどの抵抗を示す子どもである。

（2） 「きずな」の形成を妨げる要因と人間の発達のしなやかさ

1） 発達の初期における経験

人生のごく初期に隔離されて育ったり，感覚的刺激や社会的刺激が十分でない状態におかれたりすると，その後の成長，発達を阻害することが指摘されている。発達の初期の限られた時期における特定の経験が，後の発達に決定的な影響をもたらすとき，それを**初期経験**という。そして，このような限られた期間のことをとくに**臨界期**（critical period）という。臨界期における経験の影響は，他の時期にみられないほど大きく，永続的で，不可逆的であるとされてい

① 実験者が母子を室内に案内。母親は子どもを抱いて入室。実験者は母親に子どもを降ろす位置を指示して退室（30秒）。

② 母親は椅子に座り、子どもはおもちゃで遊んでいる（3分）。

③ ストレンジャーが入室。母親とストレンジャーはそれぞれの椅子に座る（3分）。

④ 1回目の母子分離。母親は退室。ストレンジャーは遊んでいる子どもにやや近づき、はたらきかける（3分）。

⑤ 1回目の母子再会。母親が入室。ストレンジャーは退室（3分）。

⑥ 2回目の母子分離。母親も退室。子どもは1人残される（3分）。

⑦ ストレンジャーが入室。子どもをなぐさめる（3分）。

⑧ 2回目の母子再会。母親が入室しストレンジャーは退室（3分）。

図6-2　ストレンジ・シチュエーション法の8場面（繁多，1987）

る。しかし、人間の発達には柔軟性や可塑性がみられる。生涯のどの時期においても変化する可能性をもっており、柔軟である。また、虐待などを受けたことにより障害をもった子どもがその後のケアによって回復を示すことは、人間の発達の可塑性によるものである。このように初期経験の影響が取り返しのつ

かないほど決定的ではないという意味を込めて**敏感期**（感受期）という言い方がなされることもある。

　初期経験の重要性を示す，**刻印づけ**（インプリンティング）という現象がある。比較行動学者の**ローレンツ**（Lorenz, K.Z.）によって詳しく報告された。カモ，ガン，ニワトリなどの離巣性の鳥類のヒナが，孵化(ふか)後短時間のうちに見たり聞いたりした特定の対象（親鳥などの動くもの）に対して，接近や追従といった行動を示す現象である。刻印づけによって，子は親の保護を受けられるため生存する可能性が高くなる。また，同種の配偶者を選択するようになることで種が維持されていく可能性が高くなる。

　人の「きずな」の形成に敏感期はあるのだろうか。クラウスとケネル（Klaus, M.H., & Kennell, J.H.）は次のような実験を行っている。1970年代，新生児は母親と隔離され，授乳の時だけ接触するというのが通常であった。このような通常の経験をするグループをコントロール群とし，これらに対して，3日間の入院で16時間程度多く接触の経験をもつようにしたグループ（実験群）を募集し，両者の母子関係の様子を調べている。その結果，実験群の母親の方が赤ん坊に対して強い関心を示すことが，1歳の時点でも明らかにされた。そして，母親がなだめたり，抱いたりするだけでなく，赤ん坊の心身の発達についても実験群の方がすぐれていた。

　このような研究知見をもとにして母子別室制から母子同室制をとる産院が多くなったが，その後，クラウスとケネルの研究に，方法上の問題点があることが指摘されている。実験群に参加したのは志願者であったため，もともと子育てに対する動機づけが高く，ホーソン効果（自分たちは選ばれて新しい活動に参加しているのだと考えるため，より積極的に活動に取り組むようになること）がかかわっている可能性があり，再検証を試みた研究では十分な結果が得られていない。

　現在のところ，人の場合，少なくとも生後数時間のうちに母子の間に「きずな」が形成される敏感期が存在するという十分な証拠はなく，また，初期の接触経験が永続的な効果をもつということもないと考えられる。

コラム19：「野生児の記録」をもとに人とのきずなの意味を考えてみよう

　人間における初期経験の重要性と発達の可塑性について考えさせられる事例として「野生児の記録」がある。1799年にフランスで発見された少年の記録「アヴェロンの野生児」や，1920年にインドで救出された少女カマラとアマラの報告「狼に育てられた子」などが有名である。

　カマラの資料を示しておく。当初は野獣とほとんど変わらない様子であったが，シング牧師をはじめ，周りの人たちとの温かい交流によって，少しずつ失われた能力を取り戻し，人間性を回復していく過程が描かれている。しかし，その一方で，亡くなるまでに獲得した言葉が50語ほどであったことから，言語発達において敏感期が存在する可能性も示唆されている。ただ，このカマラとアマラの記録に関しては，親に遺棄された自閉症児だったのではないかという疑念や，20年ほど後になされた現地調査で，狼に育てられたという十分な証拠はみられなかったとする報告が出されるなど，否定する見解もある。記録そのものの科学的な信憑（しんぴょう）性について注意を払う必要があるが，人間的な養育の機会を子どもから奪うといった育児実験が倫理的に不可能であることを考えると，これらの記録は，人間が人間らしくあるために，人とのきずなを基にして育つことの大切さを考えさせられる事例といえるだろう。（伊藤）

シング夫人からビスケットをもらうカマラ
▶8月3日，彼女らは夫人の手からビスケットを取ることを覚えた。また，13日には，ビスケットをもらいに夫人に近づきさえしたが，夫人のそばに長くいるのは好まなかった。

2） 母性的養育の剥奪

近年，子どもに対する虐待や養育遺棄の増加が大きな社会問題となっている。幼少期に養育者から母性的なかかわりを受けないことに，どのような心理学的な問題が含まれているのだろうか。発達初期において母性的養育を剥奪されたり喪失したりすることを**マターナル・デプリベーション**（母性的養育の剥奪）とよんでいる。情緒的なかかわりあいを失うことで，その後の心身の発達に深刻な影響を与えるものとされる。もともと**ホスピタリズム**（施設病）といわれていた問題を，ボウルビーがこの概念で説明したものである。ホスピタリズムとは，病院や施設に長く入ることで生じる心身の発達障害のことである。20世紀初頭，施設の乳幼児の死亡率の高さが問題となり，栄養不足や感染などの改善がなされた。しかし，それでも変化がみられなかったため，母性的養育の欠如がその原因として重視されるようになった。施設では1人の保育者が世話をする子どもが多く，適切な働きかけと応答を欠く傾向にある。このため，保育者との間に安定した愛着関係を築くことが難しく，子どもの人格形成や情緒発達が阻害されてしまうものと考えられている。

2．心の発達

(1) 人が人の「こころ」を理解する

1） 人間の発達について

通常，人は歳を重ねるにつれて，いろいろな面で衰えていくものであると考えがちである。とくに，身体面や運動面は，エイジング（老化・加齢）していく様子が目に見えやすいため，そのように感じられるのかもしれない。精神面の発達に関してはどうだろうか。たとえば，知能の一側面である結晶性知能（経験による判断力や言語理解）は，成人期，老人期になっても向上し続けるものであるとされている。これまで人間の発達は，成人することで一応の完成をみるという見方がなされてきたようであるが，発達心理学では，人間を生涯

にわたって変化し続ける存在としてとらえるようになってきている。

2） 心の理論とはなにか

人の「こころ」の存在やはたらきについての理解のことを**心の理論**というが，発達とともに獲得されていくものであることが明らかにされている。外からは見えない他人の心を推測して，どのように感じたり考えたりしているのか，なぜそのような行動をとるのかについて考えることである。心の理論は，人間の行動を予測し説明する科学的な理論と同じような機能をもつものといえる。

3） 子どもはいつごろから人の気持ちがわかるようになるか

心の理論の発達はどのようにして確かめることができるのだろうか。これまでにさまざまな課題が考案されてきたが，その代表的なもののひとつに「誤信念課題」がある。図6-3に示してあるのは，スマーティ課題である。スマーティ課題では，まず，チョコレートの箱の中に鉛筆を入れておき，その中身をたずねる。「チョコレート」と答える子どもに対しては，「鉛筆」が入っていることを教える。つまり，子どもはチョコレートの箱の中には，鉛筆が入ってい

図6-3　スマーティ課題の例

コラム20：「頭のよさ」はどのように調べられてきた？

　「頭のよさ」は，心理学では知能の問題として研究されてきた。およそ100年前の1905年，心理学者ビネー（Binet, A.）は，医師シモン（Simon, T.）の協力のもと，小学校の授業についていけない子どもをみきわめるため，知能検査を開発した。その後，知能検査は，ヨーロッパ大陸からアメリカに伝えられ，遺伝的な能力を測定するものとしてとらえられるようになっていく。第一次世界大戦中の1917年には，アメリカ陸軍が，新兵に対して将校に向いているかどうかを調べるために知能検査を採用した。アメリカ陸軍式知能検査は，大人数に対して一斉に実施する必要があったため，紙と鉛筆による集団方式のペーパー・テストとして開発された。また，新兵には読み書きができない者が多くいたため，字が読める人のためのα式テスト（言語性検査）と，字が読めない人のためのβ式テスト（非言語性検査）の2種類が用意された。β式は迷路やパズルといった課題で構成されるものである。

　知能検査によって「頭のよさ」はどのように表されるのだろうか。**知能指数**（IQ）はその1つである。知能指数の計算式を下に示しておく。**精神年齢**とは，知能検査によって測定される年齢水準のことであり，**生活年齢**とは，その人の実年齢のことである。生活年齢と精神年齢が対応していれば知能指数は100となる。

　知能の研究は，アメリカを中心に進展がみられ，さまざまな議論を巻き起こしていく。黒人と白人の比較にはじまり，ゲルマン，スラブ系といった民族の違いが調べられたり，天才や偉人とよばれた人たちの知能がどのくらいであったかについて検討がなされたりした。知能検査は，それぞれの国で，政策に合うかたちで利用されてきたところがあるが，とくにアメリカの場合，人種差別を助長し，移民を制限するなど，不幸な歴史をたどることになる。知能研究は，このように社会の問題と密接にかかわりながら進んできたが，近年では，新しい知性の考え方が提出されてきており，また，遺伝研究の隆盛とともにとらえ直しをする試みもなされてきている。（伊藤）

$$知能指数（IQ） = \frac{精神年齢}{生活年齢} \times 100$$

例）5歳の子どもが知能検査を受けた結果，精神年齢が6歳となれば，IQは120となる。

$$\frac{6（歳）}{5（歳）} \times 100 = 120$$

ることを知っていることになる。次に，チョコレートの箱に何が入っているかという質問に対して，友達はどのように答えるか，それを，その子どもにたずねる。友達は，チョコレートの箱の中身を知らないため，友達の視点に立ち，「チョコレート」と答えると，自己中心性を脱して，他者の視点に立って思考内容を考えた，と判断することができる。このような課題は，幼児期を通して年齢とともに正しく答えられるようになっていく。

3．親や大人と子どもとのかかわり

（1） 親によるしつけ，養育のあり方

　サイモンズ（Symonds, 1939）は，親の子どもに対する態度について，保護―拒否，支配―服従の2つの軸でとらえている。保護―拒否の軸とは，子どもを愛情でもって受け容れるか，愛することなく拒否してしまうかの対立でとらえられる。支配―服従の軸は，親の考えるように子どもを統制してしまうか，親が子どもの言いなりになってしまうかの対立でとらえられるものである。親の養育態度は，この2つの座標軸をもとに，4つのタイプに分類されることになる（図6-4参照）。子どもを大事にする気持ちも強いが，自分の思い通りにしたがる親は，「過保護」で「過干渉」として分類され，子どもを受け入れ，言いなりになってしまうような親は，「溺愛（甘やかし）」として分類される。子どもに愛情を注がず，支配してしまう親は，「残酷」であり，愛情を向けず，支配もしない親は「無視（無関心）」にあたる。
　図6-4には，親の養育態度の違いによって想定される子どもの性格特性が具体的にまとめられている。幼少期においては偏った親子関係が子どもの健全な発達を妨げることにもなり，バランスのとれた関係のあり方が理想として求められるといえる。子どもの性格の形成は，親やきょうだいなどの家庭を中心とした人間関係から，学校や地域，職場など，より広い人間関係の中で育まれていくようなる。

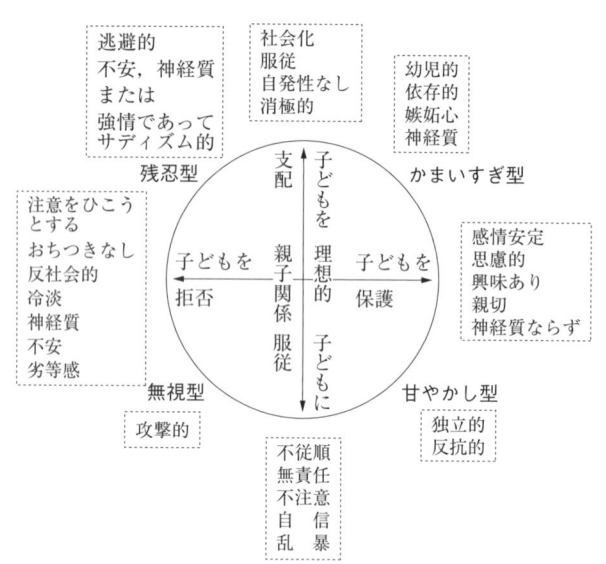

図6-4　親の養育態度（円の中）と子どもの性格特性（点線の中）（宮城，1960より）

（2）ほめることとやる気

1）やる気とは

　親や大人は，子どものしつけや教育の中で，子どもの良い行いに対してはほめるようにし，望ましくない行動に対してはしかってやめさせる。たとえば，宿題を仕上げて親にほめられた子どもは，やる気を高め，さらに一生懸命に勉強に取り組むようになったりする。

　心理学では，ほめられることで，ある行動が強化される場合，これは**報酬**とよばれ，人の**動機づけ**（motivation）のあり方に大きな影響を与えるものと考えられている。報酬には，大きく分けて2種類のものがある。言葉でほめたり認めたりすることを**言語的報酬**といい，ごほうびとして与えられる金銭や物品のことを**物質的報酬**とよぶ。

　動機づけにもさまざまな質のものがあり，報酬や罰などの外界からの働きかけによって高められる動機づけは，**外発的動機づけ**とよばれている。一方，行

動そのものが楽しくて活動しているような場合，これは行動すること自体が目的となっているので，**内発的動機づけ**とよばれる。

2） 報酬はやる気を高めるか

報酬は，どのような状況においても，人の動機づけを高めるものなのだろうか。デシ（Deci，1971）は，大学生を対象にして，3セッションからなる実験を行っている。実験で用いられた課題は立体のパズルで内発的動機づけを喚起させるものであった。実験群とコントロール群の2群が設定され，第1セッションでは，両方ともパズルを解くだけであったが，第2セッションで，実験群の学生に対しては，制限時間内に解くことができれば1ドルの報酬を与えることを告げるようにした。コントロール群の学生は，何も言われず，パズルに取り組んだ。そして，第3セッションでは，両方の群とも第1セッションと同じようにパズルを解くだけで報酬はなかった。実験者はそれぞれのセッションの途中，8分間だけ，適当な理由を述べて一時退出し，学生には自由な時間が与えられた。学生は，雑誌を読んでも何をしてもよかった。そして，この自由時間にどのくらい自発的にパズルに取り組んだのかが観察された。これは，内発的動機づけの指標と考えられ，図6-5に示すような結果となった。

実験群の学生は，報酬が得られた第2セッションでは，課題を熱心に取り組むが，報酬が与えられなくなった第3セッションでは，課題を熱心には取り組まなくなった。一方，コントロール群の学生は，3セッションともに，課題に興味をもってやり続けていた。この現象は，報酬の存在が内発的動機づけを低減させるということを意味し，**アンダーマイニング効果**とよばれている。

どうして，このような現象が生じたのだろうか。人は，ある出来事や自分の行動について，その理由や原因を考えようとするものである。これを**原因帰属**（causal attribution）という。アンダーマイニング効果では，もともと好んで行っていた行動に対して，報酬が与えられるようになると，自分の興味を割り引いて考えてしまうようになり，「好きだからやっているのではなく報酬が欲しいのでやっているのだ」と考えるようになる。また，デシは，報酬には情報的

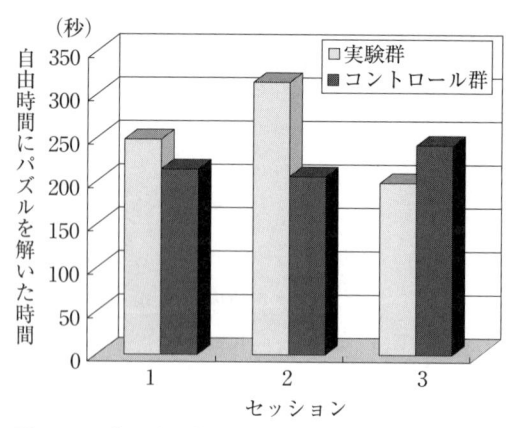

図6-5 内発的動機づけに対する報酬の効果 (Deci, 1971)

側面と制御的側面の2つの側面があり，これらの側面は，動機づけに対して異なる影響を及ぼすものと考えた。情報的側面とは，報酬を与えることで「あなたのやっていることは正しいですよ」というメッセージを伝達することである。制御的側面とは，報酬の有無によって，その人の行動をコントロールしようとすることである。報酬が情報的になれば，有能感を高め，動機づけにつながることになる。一方，制御的なものになってしまうと，「報酬のために行動している」というように原因帰属を変化させてしまい，動機づけを下げることになる。一般的に，物質的報酬は，制御的になりやすく，言語的報酬は，情報的なものになりやすい傾向があるとされている。

（3） 人や周りを見ることで学ぶ

1） 観察学習とは

子どもは，親や周りの大人，さらにはテレビやアニメの登場人物などの影響を受けやすく，まねをして同じような行動をとったりする。このように他人の行動をモデルとして観察し，観察している本人自身の行動に変化が生じることを**観察学習（モデリング）**という。

条件づけの考え方では，学習は，直接的で外的な強化を受けて生じるものと

されている。バンデューラ（Bandura, A.）は，「直接強化」を受けなくても，モデルの行動を観察するだけで，学習が成立することを明らかにしている。モデルに与えられる強化，すなわち，**「代理強化」**によって行動の獲得が可能であることを指摘したのである。私たちの日常生活を振り返ってみると，実際に行動をしてみるという直接経験によって学んでいる部分ももちろんあるのだが，それ以上に，人の行動を観察したり，テレビやパソコンを視聴したり，新聞や雑誌の情報に接したりすることを通じて，実にたくさんのことを学んでいるのである。このように代理的な形で経験をすることで，わが身に危険が及ぶようなことも効果的に学習することができている。たとえば，食中毒を引き起こす食べ物は何か，交通事故が起こらないようにどうすればよいか，といったことも直接に体験しなくても代理経験によって学ぶことができるのである。人間には高い認知能力があり，このことが観察による学習を可能にしていると考えられる。モデリングの考え方は，認知過程を包括的に含めてとらえるものであり，認知的モデリングとよぶこともある。

2） モデリングの過程と自己効力感

モデリングはどのようにして成立するのだろうか。バンデューラは，「注意」「保持」「運動再生」「動機づけ」の4つの過程でとらえている。観察学習が生じるためにまず必要なことは，モデルに対して注意を向けることである。次に観察したものを記憶（保持）しておかなければならない。保持は，視覚的イメージ，言語化，運動リハーサルによってなされるものである。第3の過程は運動再生であるが，記憶していることを行動に移す段階である。すべてを行動に移せるとは限らず，のちの訓練を必要とするような複雑で高度な技能もある。また，運動再生が可能だとしても，行動しない場合もあり，これには動機づけ過程がかかわっている。動機づけがあってはじめて反応の遂行が促されるものと考えられている。

バンデューラは，社会に生きる人間が周囲の環境との相互作用を通して行動を変容させていく過程を**社会的学習理論**（社会的認知理論）として提唱した。

コラム21：子どもはテレビのまねをするか？

　幼い子どもはテレビやアニメのヒーローやヒロインのまねをして遊ぶ。ヒーローが敵を倒す様子を観察し，まねをして乱暴な行動をとるようになり，親や大人を困らせるようなこともある。バンデューラら（1963）は，このような現象を攻撃行動の観察学習として実験によって確かめている。

　4つの群が設けられ，どのようなモデルが学習に効果をもたらすのかについても検証がなされた。第1の群は，大人の女性が人形に対して攻撃的な発言や行動をしている様子を実際に見せるというものである。第2の群は，その場面を映像にして見せるというものであった。さらに，第3の群は，イヌなどの動物のアニメのキャラクターが攻撃的な行動をしている様子をみせるというものである。第4の群（コントロール群）は，比較して検討するためにモデルの観察は一切行わなかった。

　以上の手続を行い，その後の攻撃的行動の頻度を調べた結果が図に示されている。コントロール群よりもモデルを観察した3つの群のほうが攻撃的行動を学習していることがうかがえる。とくに，アニメのモデルを観察した男の子の群が大きな影響を受けているという結果は注目に値するだろう。テレビやコンピュータなど，メディアの発達が著しい今日の社会の現状を考えると，観察学習を通して子どもたちにどのような影響が及んでいるのかについて考えてみる必要があるだろう。

（伊藤）

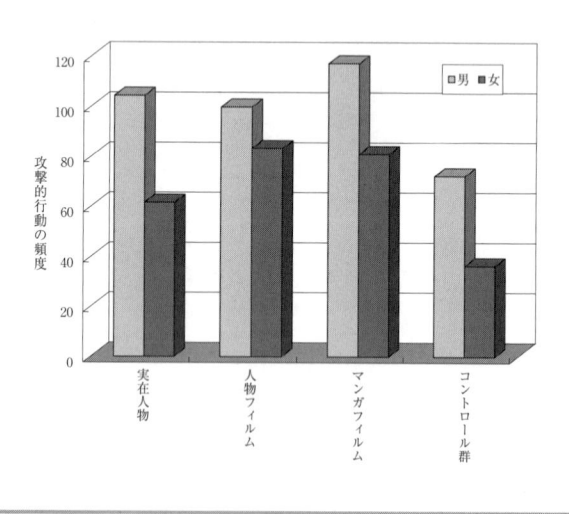

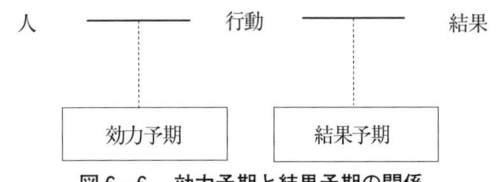

```
人 ─────── 行動 ─────── 結果
      │           │
   ┌──┴──┐    ┌──┴──┐
   │効力予期│    │結果予期│
   └─────┘    └─────┘
```
図6-6　効力予期と結果予期の関係

図6-6に示すように，バンデューラは，行動変容の先行要因として「予期」の機能を2つに分けて考えている。**結果予期**とは，ある行動がどのような結果を生み出すかという予期である。一方，**効力予期**とは，必要な行動をどのくらいうまくできそうかという予期である。結果予期は，随伴性の認知の問題であり，学習性無力感の研究にかかわるものである。それに対して，社会的学習理論では，とくに，「ある結果を生み出すために必要な行動をどの程度うまくできるか」という個人の確信，すなわち，**自己効力感**（self-efficacy）に重点をおいている。

4．教師と子どもとのかかわり

(1) 子どもを理解する

1) ハロー効果

人を評価するときに，自分が重視していたり，関心をもっていたりする側面について，良い印象をもってしまうと，ほかの側面まで良いと思ってしまうことを**ハロー効果**（光背効果）という。逆に悪い印象をもてば，悪い評価をしてしまう傾向をもつことになる。教師の場合は，たとえば，成績が良い子どもは，性格も良く，生活習慣もしっかりしていると判断してしまうことがある。

教師のこのような歪みについて検証した研究がある。バーナードら（Barnard, 1968）は，生徒のテスト不安と知能について検査を行い，一方で，担任教師による生徒の性格評定を求めている。そして，テスト不安，知能と性格評定との関係について調べている。その結果，生徒のテスト不安と教師による性

格の評定との間に関連性はみられなかったが，生徒の知能検査の結果と教師による性格評定との間には関連性がみられた。すなわち，知能の高い生徒は，教師によって，より社会的に望ましい性格であると評定されたのである。とくに，教師にとって学業成績という知的な側面は重視される側面であり，ハロー効果のような歪みが生じうる可能性がある。

2） ピグマリオン効果（教師期待効果）

ピグマリオン効果（教師期待効果）も教師が子どもに対して抱く心理的な歪みのひとつである。ピグマリオン効果とは，教師が特定の子どもに対して抱く期待が，子どもの学習や行動に大きな影響を及ぼすことである。この効果は，ギリシャ神話に出てくるキプロスの王，ピグマリオンの神話に基づいている。ピグマリオンは，自分で彫った乙女像に恋こがれ，その彫像が生きた女性になることを願ったところ，女神アフロディテによって命が授けられ，その願いがかなった。

ローゼンサールとジャコブソン（Rosenthal & Jacobson, 1968）は，ピグマリオン効果に関する，以下のような研究を行った。学年度末に幼稚園児と小学校1年生から5年生までの子どもたちを対象に，学力の伸びを予測するテストと称して，知能検査が実施された。新学期が始まると，それぞれのクラスの約20％の子どもが無作為に選ばれ，「これから成績が伸びることが予測される子どもたちである」と担任教師に告げられた。しかし，実際には，知能検査の結果とは関係なく，子どもたちが選ばれたのである。約8ヵ月後，再び同じ知能検査が実施された。その結果が図6-7に示されている。伸びると予告された子どもたち（実験群）の知能が，そうでない子どもたち（コントロール群）に比べて伸びている。知的好奇心の教師評定についても，同様の結果が得られている。これらは，教師が抱いた期待が現実となることを意味している。

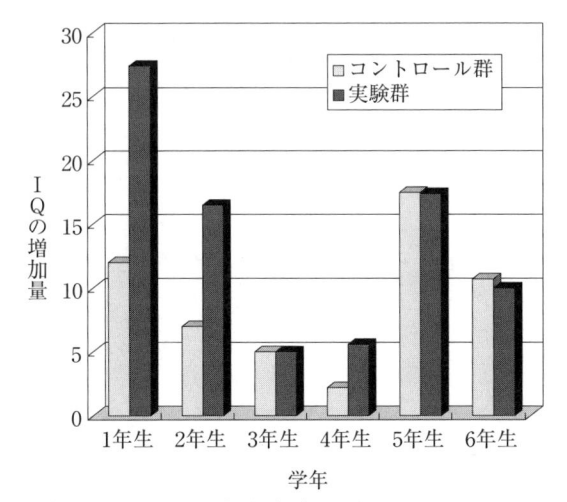

図6-7 教師期待による知能指数（IQ）の増加（Rosenthal & Jacobson, 1968）

（2） 子どもに応じる

1） 適性処遇交互作用とは

　子どもによって効果的な学習方法に違いがみられることが考えられる。たとえば，一斉指導の授業スタイルによって学習がうまく進んでいく子どももいれば，協同学習を取り入れることによってうまくいく子どももいるだろう。指導法や教材などの教育的な処遇の効果が学習者の適性によって異なることがあり，このような現象のことを**クロンバック**（Cronbach, L.J.）は**適性処遇交互作用**（ATI：Aptitude Treatment Interaction）といっている。交互作用とは，実験計画法で使われる用語で，ある要因の効果が別の要因によって影響されることをいう。また，適性とは，知能，学力，性格，認知スタイル，対人的態度，興味・関心，学習習慣などを含んだ学習適性である。

2） 個に応じた教育

　安藤ら（1992）は，小学5年生のための英語入門コースにおいて2つの教授法を取りあげ適性処遇交互作用効果について検証している。そこでは，授業を

できるだけ自然なコミュニケーション場面に近づけることで母国語と同じように外国語を習得できるようにする方法（会話中心の教授法）と，伝統的な文法中心の方法（文法中心の教授法）の比較がなされた。言語性知能の個人差を考慮しなければ2つの教授法の効果に違いはみられなかったが，言語性知能を適性として分析したところ，言語性知能の高い子どもは文法中心の教授法によってより高い成績を，言語性知能の低い子どもは会話中心の教授法によってより高い成績をあげていた（図6-8）。子ども1人ひとりの適性を十分に把握し，それに応じた指導法や教材を準備することで，学習の効果を最大にすることが可能になる。

（3） 子どもの自律性を育てる

1） 自ら学ぶやる気とは

先に動機づけには外発的動機づけと内発的動機づけの2種類があると述べた。近年の動機づけ研究では，このような2分法ではなく，外発から内発にいたる間の過程を想定し，動機づけは連続的なものではないかという考えが出てきている。

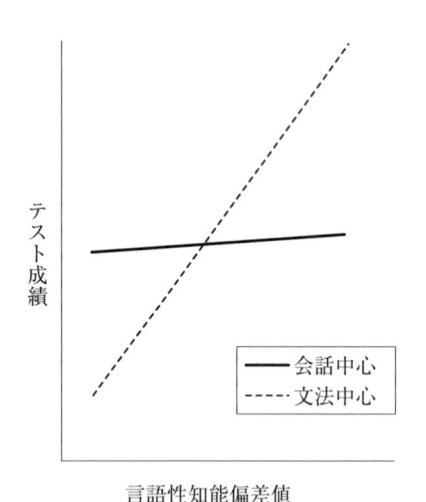

図6-8　英語学習指導における適性処遇交互作用（安藤ら，1992をもとに作成）

デシらは，この動機づけの連続性に注目し，自己決定の程度によって，動機づけが，「無力状態」「外的動機づけ」「取り入れ的動機づけ」「同一化的動機づけ」「統合的動機づけ」「内発的動機づけ」の順に連続するものと考えた。
　「無力状態」とは，外からのはたらきかけにも動かされることがない，いわば，動機づけがまったくない状態をさしている。
　「外的動機づけ」の段階になると，他人に強制されて行動が生じるようになる。「やらされているから」，行動している状態であり，これも自己決定の度合いは低い。たとえば，親がうるさく言うので，嫌々ながら宿題に取り組む子どもの様子を考えるとよい。
　「取り入れ的動機づけ」の段階では，「しなくてはいけない」といった義務によって動機づけられるようになる。「不安だから」「恥をかきたくないから」といった消極的な理由で行動する段階である。行動すること自体が目的ではないが，外的な力によって動くのではなく，自ら行動を起こしていることから，自己決定性は少し高くなる。たとえば，テストで悪い点をとって恥をかきたくないから懸命に勉強するような子どもは，取り入れ的動機づけの段階にある。
　「同一化的動機づけ」の段階になると，行動の重要性を認めるようになり，自己の価値として同一化するようになる。「自分にとって大切なことだから勉強する」というように，積極的な自己決定によって行動がなされる段階である。たとえば，将来の進路を考えて，必要な科目だからということでしっかり勉強するような場合が同一化的動機づけにあたる。
　「統合的動機づけ」は，他の価値観と対立しない自己と融合した価値観をもつ段階である。選択した行動と，選択しなかった行動の間にバランスが図られた状態であり，ほかにしたいことがあっても，悩むことなく特定の行動を優先させることができる状態にある。たとえば，今の自分には目の前の試験が大切であると考えて，クラブ活動やその他の楽しみに優先させて，試験の準備に専念することができれば，統合的動機づけの段階にあるといってよい。
　これらの動機づけは連続性をなしており，はじめは人から言われて取り組んでいたことが，しだいにそのおもしろさに気づくようになり自ら進んでやるよ

コラム22：先生は子どもたちをどんなふうに見ているか？

　クラスや授業を受けもつ教師は，子どもたちをどのように見ているのだろうか。教師のタイプによって違いはあるのだろうか。教師が子どものパーソナリティをとらえる観点や内容には個人差があり，それぞれ固有の認知の枠組みを用いている。近藤（1995）は，「教師用 RCRT（Role Construct Repertory Test）」を開発し，認知の枠組みの違いが教師自身や子どもたちの心理，行動に及ぼす影響について明らかにしている。このテストでは，教師が子どもをとらえる際の視点の数，内容が分析され，子どもをきめ細かく認めようとしているか，多面的に評価しようとしているか，反対に，視野が狭くないか，独り善がりな見方で子どもを見ていないか，といったことが調べられる。

　「教師用 RCRT」の手順は次のとおりである。①クラスの子どもたちの名前を思い出した順に書き出していく。②２人１組の子どもたちの組み合わせを12組選び出す。似ているか，思い出しやすいか，ウマが合うか，よく分かる子どもか否か，といった基準で選んでいく。③12組の子どもたちの組み合わせごとに，両者の違いや共通点を表す言葉を書き出していく。すなわち，12の「ものさし」を抽出していく。④抽出された「ものさし」でクラスのすべての子どもたちを評定（５段階）していく。⑤因子分析（心理統計の手法の１つ）によって12の「ものさし」をいくつかのまとまりに集約する。⑥集約された「ものさし」によって「子どもの認知図」を作成し，それぞれの子どもが教師の「ものさし」でどのように位置づけられているかを明らかにする。

　K先生の子ども認知図を例として示す。縦と横の軸は，因子分析によって得られたK先生の２つの「ものさし」を表し，クラスの子どもたちがこの平面の中に位置づけられる。たとえば，公正で思いやりがあるが消極的であるとされた「ウマが合う子」は右下の領域の最も外側に位置づけられる。さらに「理自」「現自」はそれぞれ教師自身の「理想の自分」，「現実の自分」を示し，自己の視点を深める手がかりとする。（伊藤）

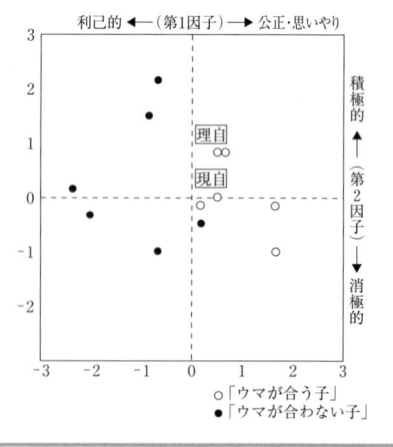

うになるといったようなことが生じうる。この考え方は，動機づけの変化の過程を十分に説明している。

2） 自ら学ぶ

　自律的な学習を，総合的，統合的にとらえようとする考え方として，近年，欧米を中心に**自己調整学習**（self-regulated learning）の理論が注目されている。ジマーマン（Zimmerman, B. J.）によると，「自己調整」とは，「学習者が，メタ認知，動機づけ，行動において，自分自身の学習過程に能動的に関与していること」とされる。「メタ認知」とは，自らの認知についての認知のことであるが，学習上の計画を立てたり，進み具合を自己評価したりといったメタ認知活動のことをいう。「動機づけ」は，たとえば，高い自己効力感でもって学習に取り組んでいるかどうかということである。「行動」の側面には，学習しやすい環境を整えたり，学習の進んでいる友だちにサポートをもらったりすることなどが含まれている。つまり，自己調整学習とは，メタ認知，動機づけ，行動の面で，自己調整の機能を働かせながら学習を進めていくあり方のことをいう。

　自己調整学習を促進するためには，**自己調整学習方略**の獲得が重要である。自己調整学習方略は，自分の力で学習を効果的に進めていくための方法のことである。自己調整学習は，日本の教育界では「自己教育力」や「生きる力」といわれている問題と深くかかわる概念である。自己調整学習に関する研究では，理論的な検討とともに実証データが積み重ねられてきており，授業実践を考えていく上で有益な手がかりが得られる。いかに自己調整学習方略に働きかけるべきかについての研究知見が，日本の教育における「自ら学ぶ力」を育てる授業実践を進めていく上で役に立つはずである。

第7章 社会的行動

　私たちの住む社会には，たくさんの人々が生活している。家族や友達や恋人といったごく親しい人はもちろん，見ず知らずの人も含めて，家から一歩外に出れば，至るところでいろいろな人に出くわす。さまざまな人とさまざまなかかわり合いをもちながら私たちは暮らしており，そして，そのかかわり合いのなかで，私たちは周囲の人からさまざまな影響を受けている。本章では，人と人とがかかわり合い，影響を及ぼし合うなかで，私たちがどのように感じたり，考えたり，行動したりしているのかを説明する。

1．社会や他者について知る

　私たちは，周囲の人や出来事に強い関心をもっている。目の前にいる人がどのような人なのか，あるいは，ある出来事がなぜ起こったのか，さまざまな手がかりを基に判断や推測をして，理解しようと試みている。このように，私たちを取り巻く人々や，社会のなかで起こった出来事について，特徴や性質を推測したり，認識したりする過程を，一般に**社会的認知**という。本節では，社会的認知に関する研究知見を基に，私たちが他者や出来事をどのように理解しているのかについてまとめる。

（1）　他者について知る―この人はどんな人だろう

　社会的認知のなかでも，「この人はやさしそうだ」とか「あいつは賢い」と

いうように人の性格や能力，意図，および態度など，他者が個人的にもっている特徴について推測したり認識したりすることを**対人認知**という。対人認知では，相手の行動や容姿，服装といった外見などの相手に関するさまざまな情報を手がかりにして，相手の印象を形成したり，相手がどのような人物であるかを理解しようとしたりする。

　相手がどのような人物であるかを理解しようとするときに，私たちは，外見や行動といった情報だけではなく，私たち自身がすでにもっている知識の枠組みを活用して解釈しようとする傾向がある。たとえば，「大阪の人は面白い」「日本人は勤勉」というような，あるグループの人々に対する画一的なイメージが頭のなかに作られていることがある。そして，私たちは相手のことをよく知る前から，相手はこのイメージに合致している性質をもっているはずだ，と決めてかかったりする。「大阪の人」や「日本人」といった，人々を分けるグループ名（カテゴリー）に結びつき，このカテゴリーに含まれる人が共通してもっていると信じられている固定的な特徴のことを**ステレオタイプ**という。ステレオタイプは，相手がどんな人かを判断する際に自動的に使われやすく，判断の結果に強い影響を与える。

　ステレオタイプがあることによって，私たちは，相手がどのような人物であるかをすばやく判断することができる。毎日，たくさんの人と出会うなかで，もし，ステレオタイプを一切使わずに，相手がどのような人物かを理解するならば，相手が示す情報の1つひとつを注意深く収集しなければならず，非常に大変である。ステレオタイプには，外界を単純化し，理解しやすいように整理する認知的な機能がある。こうしたステレオタイプの機能のおかげで，私たちは最小限の努力である程度的確な情報を入手できるのである。

　ただし，ステレオタイプは画一的で固定的な特徴のため，正しい判断につながるとは限らない。認知的な節約のために，正確さを犠牲にしているのである。また，ステレオタイプの内容に，否定的な評価（「頭が悪い」「汚い」「暴力的」など）や否定的な感情（「嫌い」「不快」など）が含まれている場合がある。「○○人は頭が悪くて，攻撃的」や「△△国の人は自己中心的だから嫌

コラム23：ステレオタイプの軸：有能さと暖かさ

　さまざまな集団のステレオタイプには，肯定的な側面と否定的な側面とが混在していることが指摘されている。近年の研究では，こうした矛盾するステレオタイプの内容が，知能の高さや自立性などを表す「有能さ」と，誠実さや温厚さといった人柄の良さを表す「暖かさ」という2軸の組み合わせで体系的に整理されることがフィスク（Fiske, S.T.）によって示されている。下図に示すとおり，さまざまな集団（性別，民族，人種，階級，年齢など）にかかわるステレオタイプは，有能さの高低と暖かさの高低の組み合わせのいずれかにあてはめて整理することができる。

　「①有能さと暖かさがともに高い集団」は，内集団（自分が所属している集団）や準拠集団（自分の意見や態度の拠り所とする集団）などであり，このステレオタイプには「賞賛」という感情が付随する。「②有能さが高く，暖かさが低い集団」のステレオタイプには，「嫉妬」という感情が伴いやすく，北米の調査結果では，アジア人やユダヤ人がこのステレオタイプにあてはまる。「③有能さが低く，暖かさが高い集団」は，専業主婦や老人などであり，この集団に対しては「同情」という感情がもたれやすい。「④有能さと暖かさがともに低い集団」は，生活保護受給者やホームレスなどであり，「軽蔑」という感情が向けられやすい。

　また，有能さには「尊敬」，暖かさには「好意」というそれぞれの感情が結びついている。そのため，図のように整理することにより，「能力について尊敬するが，好きにはなれない」（図中の②），あるいは，「好ましいけど能力に関して尊敬できない」（図中の③）といった両面価値的なステレオタイプをとらえることが可能となる。（畑中）

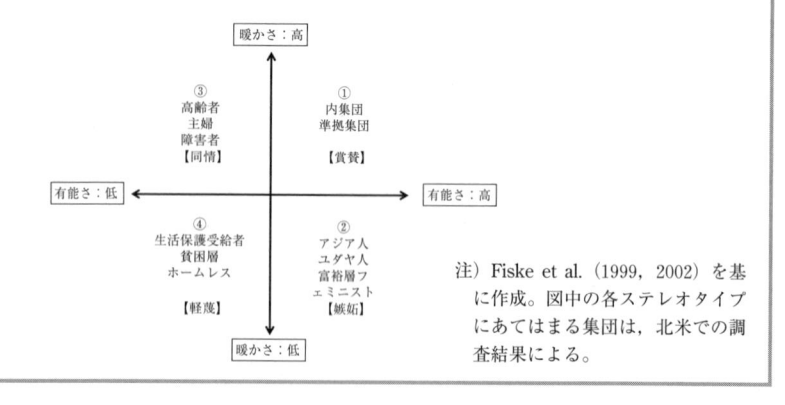

```
                    暖かさ：高
                        │
    ③                   │        ①
  高齢者                 │      内集団
  主婦                   │      準拠集団
  障害者                 │
  【同情】                │      【賞賛】
                        │
有能さ：低 ──────────────┼────────────── 有能さ：高
                        │
    ④                   │        ②
  生活保護受給者         │      アジア人
  貧困層                 │      ユダヤ人
  ホームレス             │      富裕層
                        │      フェミニスト
  【軽蔑】                │      【嫉妬】
                        │
                    暖かさ：低
```

注）Fiske et al.（1999, 2002）を基に作成。図中の各ステレオタイプにあてはまる集団は，北米での調査結果による。

い」というように，否定的な評価や感情と結びついたステレオタイプは，偏見とよばれる。偏見は人種差別や性差別といった深刻な社会問題につながっている。ステレオタイプは，認知的節約という有益な機能をもたらしている反面，偏見や差別といった深刻な問題を助長しているということも忘れてはならない。

（2） 人や物を評価する――「好き」と「嫌い」のバランス

ある人がどのような人物であるのかを認知したり評価したりするとき，私たちは他者の影響を受けている。たとえば，自分ととても仲良くしている友達が，ある人に好意を寄せて親しくしていれば，その人のことを，自分もなんとなく好ましく思える。逆に，仲良しの友達がとても嫌っている人がいたら，自

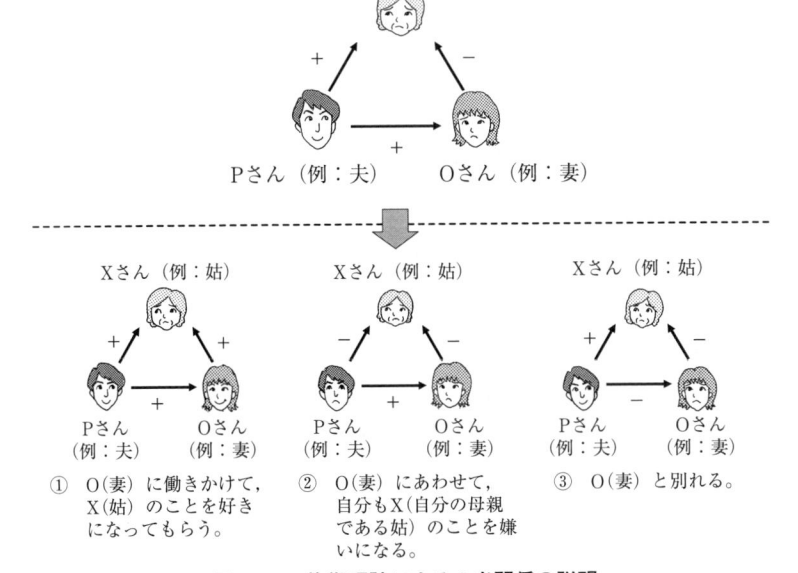

図7-1　均衡理論による3者関係の説明

分もその人のことを嫌いだと思ってしまうことがある。このような3者の認知関係について，**ハイダー**（Heider, F.）は図7-1のように理論化し，**均衡理論**(きんこう)として提唱している。図7-1のなかで，Pは認知する本人，Oは他者，Xは認知される対象，あるいは，出来事や物，趣味などを意味している。プラス（＋）の符号は「好意」という肯定的な感情を，マイナス（－）の符号は「嫌悪」という否定的な感情を表している。図7-1の上段の関係は，PがXのことを好きであると同時に，PはOのことも好きであるが，OはXのことを嫌っているという状態を示す。

均衡理論では，「PとO」「PとX」「XとO」の3者の関係を表す3つの符号の積がプラス（＋）のとき，Pにとって快い状態，すなわち，関係のバランスがとれている均衡状態と考える。逆に，3つの符号の積がマイナス（－）のときは，Pにとって不快な状態，すなわち，関係のバランスがとれていない不均衡状態とみなす。不均衡状態のとき，Pは均衡状態を確保するために3つの関係のうちのひとつを変化させようとする。

具体的な例をあげて説明すると，P（夫）と結婚したO（妻）が，Pにとって大切な母親であるX（姑(しゅうとめ)）のことを好きになれず，対立している状態が図7-1の上段の関係である。大切な母親（X）と最愛の妻（O）の関係がうまくいっていない状態は，Pにとって居心地が悪い状態である。そこで，Pは，この状態を改善するために3通りの方法を選択することができる。ひとつ目の方法は，妻（O）をなだめて，姑（X）に好意的な気持ちをもってもらうことである（図7-1中の①）。2つ目の方法は，妻（O）の気持ちに共感し，自分の母親（X）に対して否定的な気持ちをもったり，あまりかかわらなくなったりすることである（図7-1中の②）。3つ目の方法は，自分（P）が大切に思っている母親（X）を大切にしない妻（O）と対立し別れることである（図7-1中の③）。これらのうち，いずれかの方法を選択すれば，3つの関係の符号がすべてプラス（＋）となり，均衡状態が確保される。

実際に，均衡状態では不均衡状態よりも快い感情が生じるかどうかを検討するために，3つの関係の符号をさまざまに組み合わせた仮想場面を設定し，そ

れぞれの場面が快か不快かについて評定を求める実験が行われている。その結果，すべての均衡状態において，不均衡状態よりも快感情が多く生じるとは限らないことが示され（図7-1中の①と②では不均衡状態よりも快感情が多く報告されるが，③で報告される快感情は不均衡状態と大きな差がみられない），均衡理論の修正の必要性が指摘されている。こうした指摘を受け，均衡理論が適用される条件や，均衡理論に代わる別の理論が検討されている。近年の研究では，集団内の関係における「好意」あるいは「嫌悪」といった態度を説明するために，均衡理論が応用されている。

（3） 原因を探る―どうしてこんなことが起きたの？

「どうして彼女は彼と別れたのだろう」「AさんとBさんのケンカの原因はなんだろう」というように，私たちは周囲の人の行動や出来事がなぜ生じたのかについて考えることがある。このように，他者の行動や出来事の原因を自分なりに推測して説明しようとするプロセスを**帰属過程**という。帰属は，私たちが，周囲の他者や出来事，ひいては社会を理解する上で，非常に重要な役割を担っている。

ケリー（Kelley, H.H.）は，行動の原因を推測する場合，「ある行動が生じたときに存在し，その行動が生じないときには存在しない」というように，ある行動の有無と連動して変化している要因（共変要因）を見つけることが重要であると考えた。すなわち，ある行動の原因を推測する場合，その行動と共変している要因を探ることによって，行動の原因を知ることができるのである。たとえば，ある野球チームにおいて，Aさんがピッチャーとして出場するときは必ず試合に勝ち，Aさんが試合に出場しないときは必ず負けているとすれば，チームの勝敗はAさんによって決まっている，と推測される。

ケリーの理論では，ある行動と共変して変化する要因として，「人」「刺激（実態）」「時・様態」の3つの情報が重視されている。ここでは，「今日，A太郎君がG子さんのことを『美しくて素敵な女性だ』と言った」という場合を例として考えてみよう。このA太郎君の行動の原因について推測する場合，

次の3点に注目して原因が推測される。第1は，B次郎くんもC三郎君も同じようにG子さんのことを「美しくて素敵だ」と言っているかどうかである。行為者の反応が他の人の反応と一致している。このことは**合意性**とよばれる。第2は，A太郎君はH子さんやI子さんといったほかの女性ではなく，G子さんだけに対して「美しくて素敵だ」と言っているかどうかである。他の刺激と区別して，特定の刺激だけに反応していることは**弁別性**とよばれる。第3は，A太郎君は1週間前にも，3日前にもG子さんを見かけたときにはいつも「美しくて素敵だ」と言い続けているかどうかである。反応が，時と様態にかかわらず一貫していることは**一貫性**とよばれる。このように，合意性，弁別性，一貫性のすべてが高い場合には，観察された行動（A太郎君の発言）の原因は，刺激（G子さん）に帰属されることになる。

一方，A太郎君だけがG子さんを「美しくて素敵だ」と言っており（合意性が低い），G子さんだけでなくH子さんにもI子さんにも同じように「美しくて素敵だ」と言っている（弁別性が低い）場合，すなわち，合意性と弁別性は低く一貫性のみが高い場合，観察された行動（A太郎君の発言）の原因は，行為者の内的属性（「女好き」といったA太郎君の性格や態度）に帰属される。

ただし，私たちが行う帰属は常に正しいわけではなく，以下のような歪みが生じていることが知られている。第1は，観察された行為の原因として，行為者の能力や努力といった内的要因を過度に重視しやすい一方で，課題の困難さや運といった状況要因（外的要因）を過小評価する傾向である。このような現象を根本的な**帰属の誤り**という。第2は，観察者が行為の原因を行為者の内的要因に帰属しがちである一方で，行為者自身は自分の行為の原因として状況要因の役割を強調する傾向がある。このような行為者と観察者の間の帰属のズレを**行為者—観察者バイアス**という。第3は，自分が成功をおさめた場合には，自分の能力の高さや努力といった内的要因が原因と考えられるのに対して，失敗した場合には，課題の困難さや運の悪さといった外的要因が原因と考えられる傾向がある。こうした現象は**セルフ・サービング・バイアス**とよばれる。

2. 他者に対してはたらきかける

　ここまでは，私たちが他者をどのように理解しているかということをみてきたが，誰かを目の前にしたとき，私たちは1人で判断や推測をしているばかりではない。挨拶をしたり，話しかけたり，ときには自分を印象づけようとしたり，というように，他者に対してさまざまな行動を私たちはとっている。社会のなかで生きている私たちが日常的に行っている行動の多くは，他者に対してはたらきかける行動なのである。本節では，私たちが日頃よく行っている行動を取りあげて，私たちがどのように他者にはたらきかけているのかを説明する。

（1）　自分について誰かに話す

　日常生活のなかで，私たちは，自分の感情や意見を言葉によって他者に伝えようとしている。こうしたコミュニケーションは**自己開示**とよばれる。

　表7-1はジュラード（Jourard, S.M.）による自己開示の内容分類である。こうした分類に基づいて，自己開示は内容別にとらえられることが多い。それ

表7-1　ジュラードの自己開示の分類と代表項目 （Jourard & Lasakow, 1958）

態度・意見	・宗教に関する考え方や気持ち：個人的な宗教観 ・現在の政府（大統領や政策など）に関する見解
趣味・関心	・食べ物に関する好み ・休みの日の過ごし方
仕事（勉強）	・仕事における抱負や目標 ・仕事において負担に感じていること
金銭	・給料，あるいは小遣いの額 ・貯蓄の有無と，その額
性格	・自分の性格の欠点 ・自分を誇りに思っている点
身体	・自分の顔の嫌いな箇所と好きな箇所 ・容姿や外見について以前抱えていた悩みや問題

ぞれの内容を他者（たとえば，父親，母親，親しい友人など）に対してどの程度話しているかによって，自己開示の個人差が測定される。日常生活において，誰に対して，どの程度，自己開示を行っているかについて検討するために，表7-1のジュラードの分類を用いて調査が行われている。調査の結果，「態度・意見」「趣味・関心」「仕事（勉強）」がよく開示され，「金銭」「性格」「身体」はあまり開示されないことがわかった。また，調査された開示内容に関して，女性は男性よりも，全般的に多く開示を行っていた。女性の方が男性よりも，身近な相手に対して自己開示を頻繁に行っており，なかでも同性の友人に対する開示が最も多かった。

　自己開示に関する研究は，心理的な問題を抱えた人々の治療活動なかで，自己開示の重要性に注目したジュラードによって始められ，精神的健康を左右する重要な要因としてとらえられてきた。そのため，精神的健康を表すと考えられる変数と自己開示との関連を検討する研究が，数多く行われている。多くの研究の結果では，自己開示は自己評価の高さや孤独感の低さと関連することが明らかにされている。つまり，自己開示を多く行う人ほど，自己評価が高く自分に自信をもっており，「自分は独りぼっちで孤独である」と感じる程度が低いことが示されている。さらに，最近の自己開示研究では，心理的な外傷（トラウマ）からの回復と自己開示との関連が注目され，ペネベーカー（Pennebaker, J.W.）らにより一連の研究がなされている（コラム㉔参照）。

　また，自己開示は上述したような行為者個人の精神的健康度を高める個人的な機能だけでなく，対人的な機能ももっていると考えられている（表7-2）。

表7-2　自己開示の対人的機能

報酬機能	対人関係における報酬としてはたらく。両者の開示を促進し，関係の親密化をもたらす
社会的コントロール機能	相手に伝える内容と伝えない内容とを選択することにより，相手との関係を調整する
親密感の調整機能	開示する話題の内面性を調整し，相手と適切な親密度が保たれるようにする

コラム24：外傷体験の開示の効果

　体験した人に非常に強い心的な衝撃を与え，その体験が過ぎ去った後も体験が記憶のなかに残り，精神的な影響を与え続けるような後遺症をトラウマ（外傷）という。ペネベーカーは，こうしたトラウマをもたらす体験（外傷体験）の開示が心身の健康に及ぼす影響を検討している。

　ペネベーカーは調査協力者に対して，これまでの人生において外傷的な体験があったかなかったか，また外傷的な体験がある場合には，体験について誰かに開示したことがあるかないかについて尋ねた。この回答をもとに，回答者は，「外傷体験がない人々（外傷体験なし群）」と「外傷体験があり，開示をしたことがある人々（外傷体験・開示群）」と「外傷体験があり，開示をしたことがない人々（外傷体験・非開示群）」の3群に分けられ，これらの群間で心身の健康状態が比較された。

　比較の結果，最も健康状態が良かった群は，「外傷体験なし群」であった。問題の「外傷体験・開示群」と「外傷体験・非開示群」とを比べると，「外傷体験・開示群」の方が「外傷体験・非開示群」よりも健康状態が良好であった。すなわち，同じように外傷体験があっても，体験について誰かに話したことがある者は，誰にも話したことがない者よりも，より健康であった。話すことがためらわれるようなつらい体験であっても，誰かに打ち明けることは，心身の健康によい影響をもたらすようである。（畑中）

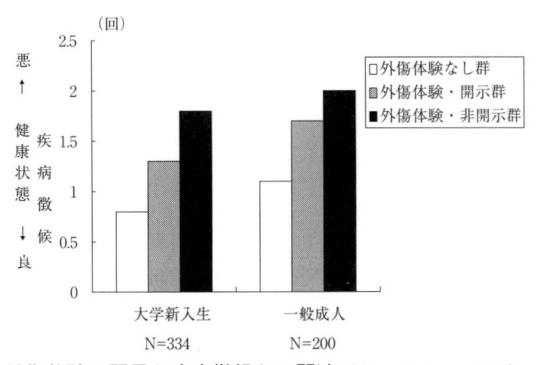

外傷体験の開示と疾病徴候との関連（Pennebaker, 1989）

▶疾病徴候に関して，大学生のデータは，アンケート記入後4ヵ月間に大学の診療センターに訪問した回数を，一般成人のデータは，アンケート記入前の1年間に重傷・軽傷疾病に罹患した数を，それぞれ示す。

代表的な対人的機能としては，2者関係の発展につながる報酬機能があげられる。自己開示は，受け手に対する開示者からの好意や信頼を意味するため，対人関係における報酬として働く。自己開示の受け手は，報酬を受け取ったことによって，開示者に対する好意や信頼を深める。また，受け取った報酬に見合うようにお返しをしなければならないと考える，**返報性の規範**が存在するために，受け手からもさらに自己開示が行われる。すなわち，自己開示の報酬機能によって，互いの自己開示が促進され，その結果として2者関係の親密化や発展がもたらされるのである。このほかにも，自己開示には，開示内容を取捨選択することによって，2者関係の性質を調整する社会的コントロール機能や，話題の内面性の程度を調整して適切な親密度が保たれるようにする親密感の調整機能などの対人的機能がある。

（2） 他者に自分を印象づける

自己開示は，他者に対して，自分に関する情報を偽らずに率直に表出する行為であるが，私たちの日常生活のなかでは，自分にとって望ましい印象を他者に与えるために，意図的に表出内容を操作することもある。こうした行為は，**自己呈示**とよばれる。たとえば，就職活動の時期になると，これまで茶色にしていた髪を黒色に染め直したり，パーマヘアをストレートにしたりするために，美容室に行く人が多くなる。このように，人は多かれ少なかれ，他者の目に映る自分の姿を操作し，自分が意図した印象を与えようとしている。

自己呈示の最大の目的は，自分にとって望ましい結果を得ることである。就職活動の例では，採用内定を獲得することが最大の目的であり，そのために就職活動にふさわしいとされる髪型や服装で外見を整え，有能な社員になりうる自分を印象づけようとしているといえる。

では，日常生活のなかで，私たちは具体的にどのような自己呈示を行っているのであろうか。ジョーンズとピットマン（Jones, E.E. & Pittman, T.S.）は，自己呈示を「取り入り」「威嚇」「自己宣伝」「示範」「哀願」の5つに分類している。この分類は，他者に自分のことをどのように印象づけたいのかというこ

とに焦点を当てて行われている。

取り入りは，相手に好感をもってもらうことを目標とした自己呈示である。好きな異性の前で，意図的に男らしく（あるいは，女らしく）振る舞ったり，お世辞を言ったり，相手に同調したりといった行動があてはまる。就職活動の際に，その会社が必要としている人材をイメージした服装や言動を心がけることも取り入りの一種といえる。威嚇は，取り入りとは反対に，相手に恐怖を喚起させることを目標とした自己呈示である。たとえば，不良集団のリーダーなどが「自分は危険な人間である」というイメージを作りあげることによって，「逆らうと恐ろしいことになる」という恐怖を与える行動があてはまる。こうした自己呈示によって，相手をコントロールし，自分の思い通りの結果を得ようとしているのである。このほかに，能力があると他者に思われることを目標とした自己宣伝や，道徳的であることを印象づけようとする示範，他者からの援助を引き出すために自分が弱い存在であることを印象づけようとする哀願といった自己呈示がある。

初期の研究では，表 7-3 に示すような自己呈示の分類と，その背後にある動機などの呈示者側の要因の探索に関心が向けられていた。後に，どのような

表7-3　自己呈示の種類別にみた操作したい印象内容と典型的な行動

(Jones & Pittman, 1982をもとに作成)

	求める評価	失敗した場合の評価	相手に喚起される感情	典型的な行為
取り入り	好感が持てる	追従者 卑屈な	好意	自己描写，意見同調 親切な行為，お世辞
自己宣伝	能力がある	自惚れた 不誠実	尊敬	パフォーマンスの主張 パフォーマンスの説明
示　範	価値がある 立派な	偽善者 信心ぶった	罪悪感 恥	自己否定，援助 献身的努力
威　嚇	危険な	うるさい 無能な	恐怖	脅し 怒り
哀　願	かわいそう 不幸な	なまけ者 要求者	養育・介護	自己非難 援助の懇願

自己呈示が好印象をもたらすか，といった自己呈示の他者に対する効果についての検討も行われるようになった。近年では，欧米，あるいは東洋という文化圏に特有の自己に対する見方，すなわち，**文化的自己観**をふまえた自己呈示に関する研究が多くみられる。具体的には，他者との結びつきを重視する日本では，自分の能力や成功について謙遜したり，控えめに表出したりする自己卑下的な自己呈示が行われやすいのか，また，好ましく受けとめられやすいのか，といった文化的自己観と自己呈示の方略および印象との関連に関する検討が行われている。

3．他者から受ける影響

　私たちは，さまざまな他者に囲まれて生活している。そして，自分を取り巻く他者から，私たちは何らかの影響を受けている。自分1人で考えて行動していると思っていることも，私たちが気づくかどうかにかかわらず，実は他者の存在や振る舞いによって大きな影響を受けて変化していたりする。また，あなたも，この社会のなかの誰かにとっての「他者」として，自分では気づかないうちに誰かの行動に影響を与えている。この節では，私たちの行動がどのように他者の影響を受けているのか，また，どのように他者に影響を与えているのかを説明する。

（1）　同調行動——反対意見が多くても，自分の意見を貫けるか

　私たちは，複数の人々と一緒に動いたり，集団のなかで何かをしたりするときに，周囲の他者の影響によって，自分の考えを引き下げたり，行動を変化させたりすることがある。たとえば，友達5人で旅行に出かけることになり，行き先を相談していたとしよう。最終候補地は，沖縄と北海道の2つになった。あなたは，北海道には何度も行ったことがあり，沖縄に行きたいと強く思っていた。話し合いのなかで，沖縄と北海道のどちらに行きたいか順番に言い合うことになった。最初のひとりが「北海道がいい」と言い，次の人が「私も北海

道がいい」と言った。残りの2人も「北海道」と声をそろえて言った。そして，あなたが希望を言う番になった。さて，あなたはここで，最初の希望通り「沖縄に行きたい」と主張できるだろうか。沖縄を希望していたことを言わずに「北海道にしよう」と言ってしまう人が，多いのではないだろうか。

　このような行動は，まさに他者あるいは集団の影響によるものであり，**同調**とよばれている。同調とは，判断や態度など広い意味での行動について，他者あるいは集団が示す規準や期待にそって，他者あるいは集団と同一，もしくは，類似した行動をとることをさす。複数の他者と一緒にいる場合，他者とは異なる本来の自分の考えや行動を貫くことは，周囲の他者から受け入れられなくなる危険性や，集団の目標を妨害する可能性を含んでいる。そのため，複数の人々と一緒に動いたり，集団のなかで何かをしたりするときに，同調が生じやすくなる。

　先に例としてあげた「旅行の行き先」に関する話し合いでは，各自が希望を述べるだけなので，正しい意見というものはない。正解がないからこそ意見の拠り所が曖昧になり同調が生じやすいのだ，と考える人がいるかもしれないが，もしも正解と不正解がはっきりとわかるような状況で，自分の意見の正しさに確信があったとしたら，同調は生じないのであろうか。**アッシュ**（Asch, S. E.）は，この問題について検討するために，線分の長さを比較して判断するという単純な課題を用いて実験を行った。この課題では，図7-2に示す左側のカードに描かれた線分（標準線分）と同じ長さの線分を，右側のカードに描かれた3つの線分（a, b, c）のなかからひとつ選択し，口頭で報告するように求められた。図7-2からもわかるとおり，すぐに正解がわかる簡単な課題であり，個別に課題を行った場合の正解率は99％を超えていた。

　同調が生じるかどうかを検討する実験群では，7人の集団状況で課題が実施され，端の人から順番に回答を報告するよう求められた。実は，7人のメンバーのうち6人は実験者に依頼されたサクラ（実験者の指示通りに動く協力者）であり，ただ1人だけが真の実験参加者であった（図7-2）。6人のサクラたちは，全部で18回行う課題のうち，最初の2回は正解を答えたが，残りの課題

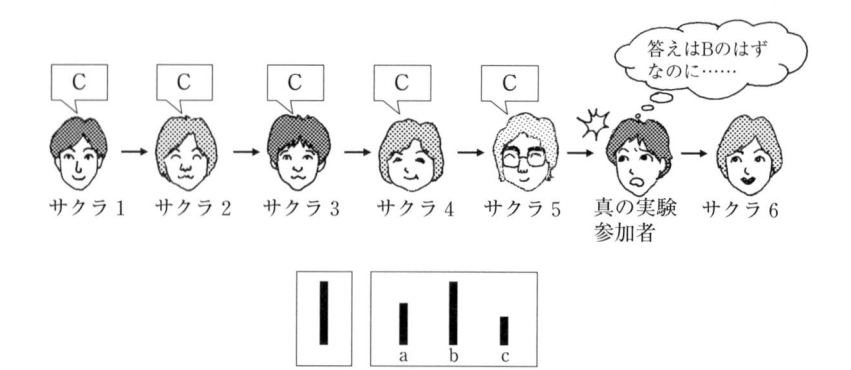

課題：標準線分と同じ長さの線分をa，b，cから選んでください。

図7-2　アッシュの同調実験の状況

▶左端のサクラから順番に（矢印の指す方向にそって）課題の回答を報告する。最後から2番目の者だけが真の実験参加者であり，その他のサクラたちは意図的に誤った回答を行う。
　課題は，左側のカードに示された標準線分を見た後，右側に並べて示される3本の線分（a，b，c）の中から，標準線分と同じ長さのものを報告することである。ここに示された例と同様に，実験で使われたすべての刺激は，正解が明確であるように作られていた。

の大半では意図的に誤った答えを報告した。

　実験の結果，75%の実験参加者が少なくとも1回は間違った答えを報告した。一度も同調を示さず，正解を報告し続けた実験参加者はたったの25%しかいなかった。意見の正誤が明確な状況であっても，周囲の圧力が大きいなかで自分の意見を貫き通すことはきわめて困難なのである。

（2）　権威への服従——偉い人からの命令に逆らえるか

　最近，会社などの組織内で生じた違法行為について報じるニュースを耳にすることが多くなった。こうした事件では，違法行為をした人物から「上司の指示でやりました」という発言が出ることがある。「たとえ上司の指示があったとはいえ，法律に違反するなんておかしい」とか，「上司が間違っていると思うなら，従わなければいい」と思う人がいるかもしれないが，私たちは，自分より偉く，権威をもっている人からの指示や命令に本当に従わずにいることが

できるのであろうか。
　人が権威に対してどの程度服従してしまうのか，という問題を検討するために，**ミルグラム**（Milgram, S.）は，アメリカの一般市民を被験者としてアイヒマン実験とよばれる実験を行った（コラム㉕参照）。
　この実験では，「記憶と学習の研究」という名目で，新聞に広告を掲載し，一般市民から広く被験者を募った。報酬は4ドル50セントで，296人から応募があった。実験では，「罰を与えることが学習にどのような影響を及ぼすかを検討する」という嘘の説明が行われた後，くじ引きで「教師役（真の実験参加者）」と「生徒役（サクラ）：47歳の経理職員。小太りで穏やかそうな好感のもてる人物」を決め，生徒役は電気ショックが与えられる椅子に縛りつけられた（図7-3）。ただし，くじ引きには仕掛けがあり，真の実験参加者は，必ず教師役に割り当てられるように仕組まれていた。教師役の実験参加者は，生徒役のサクラに，単語の組み合わせが書かれたリストを学習させ，記憶テストを行うように教示を受けた。生徒が記憶テストで間違えた場合には，教師役の実験参加者は生徒役のサクラに電気ショックを与えるように求められた。教師役の実験参加者は，電気ショックを与える装置の前に座らされ，生徒がテストで間違えるたびに電気ショックの強度を徐々にあげるように教示を受けていた。隣室で電気ショックが流れる椅子に座らされている生徒（サクラ）は，電圧が一定の強度に達すると，文句を言ったり，電気ショックを与えないように懇願し

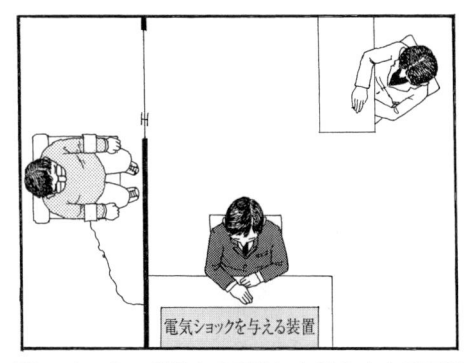

図7-3　ミルグラムの実験における室内の配置

コラム25：アドルフ・アイヒマン
「私はただ命令に従っただけだ」

　第二次世界大戦後明らかになったナチス・ドイツのホロコースト（大虐殺）の実態は，世界中の人々に大きな衝撃を与えた。世界大戦中，ヒトラーの指揮のもとで，ナチス・ドイツは，推定600万人にのぼる未曾有のユダヤ人大虐殺を行った。

　当時ヨーロッパには1千万人を超えるユダヤ人がいたといわれているが，ナチス・ドイツは「ユダヤ人問題の最終解決策（＝虐殺）」を実行することを決定した。そして，ナチスの占領地に居住しているユダヤ人の多くは，アウシュビッツ収容所などのポーランドにある絶滅収容所に強制輸送され，収容所ではシャワー室に似せたガス室に送り込まれた。

　アイヒマン（1906-1962）は，ナチスの官僚機構のなかでユダヤ人問題を担当する部局の責任者だった人である。ユダヤ人の収容所への強制輸送も，ガス室での虐殺の実行も，その人数や実行日などすべてを指揮していた男である。強制輸送後やガス室の中でユダヤ人がどうなるか，ということをアイヒマンは当然知っていた。

　こうした残虐な行為は，ヒトラーをはじめとするナチス党員の狂気や異常さによるものだと考えられがちだが，大量虐殺の責任者であり「主任死刑執行人」とよばれたアイヒマンは，大戦後の逃亡・潜伏先では自動車工場にまじめに勤め，結婚記念日には妻に花を贈るようなごく普通の男であった。戦後15年間の逃亡・潜伏生活の後，1960年にイスラエル秘密警察によってアルゼンチンで拘束されたアイヒマンは，後に法廷に立ち，「私はただ上官の命令に従っただけだ」と無罪を主張した。冷酷無情の殺人鬼と思われていた男が，実は，なんの信念もない気の弱い人間だったことに人々は驚いたという。

　拘束から2年後の1962年，アイヒマンは死刑廃止制度をとっているイスラエル政府においてはじめて絞首刑に処せられた。

　ミルグラムの服従の実験は，「アイヒマンをはじめとする虐殺に携わった人々は，本当に命令に従っただけなのか」すなわち，「権威によって命令が下れば，人は，人を殺してしまうのか」という問題に答えるために，アイヒマンの裁判の翌年に始められた研究である。これが，ミルグラムの実験がアイヒマン実験とよばれるゆえんである。（畑中）

たり，壁をたたいたりして，つらい状態であることをアピールした。教師役の実験参加者が，電気ショックを与えることをためらった場合には，「続けて下さい」「実験のために，あなたが続けることが必要です」「あなたが続けることが絶対に必要です」「迷うことはありません。続けるべきです」という決められた勧告を実験者が行い，実験の継続（電気ショックを与えること）を命令した。実際には，電気ショックを与える機械は偽物であり，生徒役のサクラに電気ショックは与えられていなかったが，教師役の実験参加者が疑念を抱かないほど，実験状況は精巧に整えられていた。

実験前に，「人はどの程度の強度まで他者に電気ショックを与え続けるか」という調査を精神科医などに対して行っていた。精神科医たちは，病的な変質者を除いて，たいていの人はほとんど電気ショックを与えないだろうと予想した。しかし，実験結果は，予想とはまったく異なり，40名の実験参加者のうち26名，すなわち65％の者が最大強度（450ボルト）まで電気ショックを与え続けた。また，「強烈なショック」とラベルが貼られている285ボルト以下で，電気ショックを与えることを拒否した実験参加者は1人もいなかった。この実験では，生徒の声が実験参加者に聞こえない条件であったが（ただし，壁をたたく音は聞こえた），生徒の声が聞こえる条件での実験でも，ほぼ同様の結果が得られた。

この実験結果は，権威のもとで人がいかに命令に服従するかということを示している。実験参加者は，電気ショックの痛みや危険性を認識していなかったわけではなく，むしろ，多くの実験参加者は電気ショックを与えるためのスイッチを押すたびに震えたり，汗をかいたり，さまざまな緊張状態を示していた。しかし，それでもなお，実験参加者は実験者（実験における権威者）の指示に従い，電気ショックを与え続けたのである。通常では許されない，また，本人の意に反する行為であっても，権威者からの命令が下れば，多くの人が実行してしまう可能性があるのである。

第 8 章　人間関係

　初対面の人に与える印象で重要な点は何であろうか，と考えたことはないだろうか。初めて会った人に，良い印象をもって欲しいと思うものである。良い印象をもつこと，それはもしかしたら恋愛の始まりなのかもしれない。しかし，恋愛というのは心理的な幻想のもとに成り立っている，もろくて壊れやすいものなのである。本章では，人から好かれる要素や恋愛についての，心理学的な研究を紹介しながら人間関係について考える。

1. 出会いの心理

　出会いにおいては，第一印象が大切である。対人認知の過程において，まずは外見や行動から情報収集が始まり，その情報に基づき，その人の性格特性といった内面の判断まで行うからである。人と人が出会い，印象を形成，その後にその人を好きになるか，ならないか，といった数ある要因のなかで，ここでは一般的な**対人魅力**について紹介する。対人魅力にはいくつかの要因が考えられるが，主に，次の4つがあげられる（表8-1参照）。
(1)　身体的魅力，つまり，外見，容貌の美しい人を好きになる傾向にある。
(2)　空間的に近接していること，つまり，物理的に近い人を好きになる傾向にある。
(3)　自分とよく似た人を好きになるという類似性が求められる。
(4)　自分と異なる人，自分にないものをもっている人を好きになるという相

表8-1 対人魅力の4つの要因

要因	説明	配偶者選択の特徴
身体的魅力	目，鼻，口，表情など顔の魅力や，身長，胸の大きさなどスタイルの魅力	相手の身体的魅力を高望みするのではなく，自分の身体的魅力とほぼつりあった異性に魅力を感じ，選択する傾向がある
空間的接近	物理的な距離が近い人を好きになりやすい	結婚する前の男女の出生地の距離を測定すると，中央値は177 km。生育地域の距離が近いということは，近隣居住地域の社会的地位も近いことを意味する。つまり，育った環境，価値観などが似ることにもなる
類似性	身体的魅力や，性格特性，価値観，人種，宗教など自分と似た人を好きになりやすい	結婚した男女で相関が高い特性は，(1)年齢，教育歴，人種，宗教，民族的背景，(2)態度や考え方，(3)知能，社会経済的地位，身長，体重，目の色，行動特性，パーソナリティ特性，兄弟の数，その他の身体的特徴
相補性	自分にはない特性を補ってくれるような相手を好きになりやすい	類似性の3つ目のカテゴリーに入っている，行動特性やパーソナリティ特性は，夫婦間であまり高い相関を示していない。結婚後も性格特性は変化せず，むしろ結婚によりお互いを補い合う行動や性格を形成するのかもしれない

補性も影響している。

身体的魅力は，大きな要因として考えられる。中でも顔面の特徴が身体的魅力に与える影響は大きい。男女ともに身体的魅力が高い人には好印象をもつが，とくに男性の方が女性よりも身体的魅力を重要視する傾向があるようである。なぜ，好ましい外見が好ましい印象をもたらすのかについては，ハロー効果（光背効果）が考えられる。**ハロー効果**とは，ひとつの特性が良い印象を与える場合，それとは関係のない他の特性もすぐれていると判断する傾向のことである。たとえば，美しい人はそれだけで優しそうだとか，親切そうだとか考える場合である。身体的な美しさが精神的な美しさをも表すという考え方は，古代哲学者のプラトンまでさかのぼることができる。また，古代ギリシャの女

コラム26：ドキドキしていると，異性の魅力を感じやすい!?
―つり橋実験―

「好きな異性の前ではドキドキしてしまう」という人が多いであろうが，ここでは，「ドキドキしている時に出会った異性には，恋愛感情を抱きやすい」ということを検討したダットンとアーロン（Dutton & Aron, 1974）の実験を紹介する。

実験は，カナダのキャピラノ渓谷に架けられた2つの橋の上で実施された。一方の橋は，幅1.5 mの木の板がワイヤーによって崖の両岸から渡された揺れやすいつり橋で，橋の下には深さ70 mの谷が広がっていた。他方の橋は，小川の3 m上に架けられた木製の頑丈な橋で，揺れにくかった。すなわち，つり橋は，恐怖（生理的な覚醒）を感じさせる状況であり，頑丈な橋は恐怖を感じさせない状況であった。

いずれかの橋を渡っている最中の男性（18歳から35歳）が実験の対象者となった。実験参加者は，橋の途中で実験者にアンケートへの協力を求められた。アンケートには，女性が手で顔を覆っている絵が掲載されており，絵を基に簡単な物語を作成するように依頼された。作成された物語の中に性的な内容が書かれている程度が調べられた。物語の表現が性的であるほど，異性に対する魅力を感じやすくなっているとみなされた。さらに，アンケート終了後に，実験者が，自分の名前と電話番号を書いたメモを被験者に差し出した。メモを受け取った実験参加者が，後日，電話をかけてきたか否かが，橋の上で実験者に対して魅力を感じていたかどうかの指標とされた。

実験は，女性の実験者と男性の実験者によって行われていた。女性の実験者がつり橋で依頼した場合，頑丈な橋よりも，物語の表現の性的な程度が有意に高かった。しかし，男性の実験者が依頼した場合には2つの橋の間で性的表現の程度に違いはみられず，また，女性が依頼した場合よりも物語の内容の性的な程度は低かった。

電話がかかってきた件数に関しては，電話番号のメモを受け取った人数にばらつきがみられたが，女性の実験者がつり橋で依頼をした場合に，最も多くの電話がかかってきた。恐怖を感じている時，すなわち生理的に覚醒している時には，異性に感じる魅力や好意が増加すると解釈されている。（畑中）

性詩人サッフォーは,「美しきものは善」とまで書いた。

2．コミュニケーション

（1） コミュニケーションとは

　社会生活は，情報のやりとりなしでは成り立たず，**コミュニケーション**を交わすことで人と人が親しくなったり，反発したりする。コミュニケーションとは，情報を送る側の目的，意図，感情，欲求などの状態を，ある種の信号を介して，受け手に伝達する過程のことである。テレビや雑誌，インターネットなど，今日ではさまざまなメディアから送られてくる情報も，私たちは受けているのである。

　コミュニケーションは，情報が伝えられる信号が，言葉であるのか，言葉でないのかによって分類できる。前者を**言語的コミュニケーション**（verbal communication），後者を**非言語的コミュニケーション**（non-verbal communication）という。言葉の内容によって伝えられる情報は言語的コミュニケーションであり，表情，視線，態度，ジェスチャー，体の角度，距離といった情報は非言語的コミュニケーションである。

　さらに，情報を送る側がそれを意識しているのか，無意識に信号を送っているのか，また，情報を受ける側も意識しているのか，意識していないのかによってもコミュニケーションの種類は異なってくる。視線を送る，もしくはそらす，瞳孔が開くといった非言語的コミュニケーションの場合，送り手はほとんど意識していないが，受け手にとっては，意識している場合にも，意識していない場合にも，なんらかの影響があると考えられる。

　たとえば，アーガイル（Argyle, M.）らは，視線量や身体的な距離は，好意や親密さを感じさせることになり，2人の距離が遠くなるほど相手を見つめる時間が長くなることを示した。つまり，距離が離れるほど，好意を示す他の手段が少なく，無意識に相手への視線が増えると考えられるからである。視線を

投げかけられた受け手にとっては，自分を見ているということは，自分に好意があるのではないか，という思わせることになる。好意をもった人への視線は増加し，好意をもたない人への視線は減少するのである。

（2） 言葉だけではない

コミュニケーションは，言語的なものばかりでなく，非言語的なものが果たす機能が多い。パターソン（Patterson, 1983）は，非言語的コミュニケーションの機能として，次の5つをあげている。それは，①情報の提供，②相互作用の調整，③親密さの表出，④社会的統制の行使，⑤サービスと仕事上の目標の機能である。

(1) 情報の提供は，コミュニケーションの最も基本的な機能である。一方から情報を提供することにより，お互いの情報交換が始まり，人間関係が進展するものである。

(2) 相互作用の調整は，相手が話しているときにうなずく，相槌をうつ，体を前に乗り出すなどの傾聴的態度や，相手が話す量と同じくらい話をする，同じ声の大きさ，同じような姿勢などの同調行動を取ることにより，相互作用を円滑に進めることができるという機能のことである。

(3) 親密さの表出は，2人の身体的な距離が近くなる，接触する，視線を向ける，視線を交わす，開いた姿勢，話題の内容が親密になる，自己開示する，相手が自分のことを受け入れてくれる，などである。自己開示とは，自分の情報を相手に知らせることを意味する。多くは言葉で表現される情報であるが，観察の結果，非言語的な情報によって得られることもある。

(4) 社会的統制は，相手を支配しようとする意図や試みのことを意味する。たとえば，壇上に立つことにより，他者よりも目線を高くすることや，腰に手をやる，腕組みするなど，他者を説得して自分の都合が良い見解をとらせるようにする場合に表れる。

(5) サービスと仕事上の目標の促進については，医者が患者に触れるなど職業上必要な接触のことである。

コラム27：相手との距離のとり方で関係性がわかる!?

　他者と接する時，に相手からどの程度離れた位置に身を置くかという対人距離のとり方や，電車の中や教室といった特定の空間において自分の位置を決める座席行動は，空間行動とよばれる。空間行動は，その空間の中に存在する他者との関係性に合わせて行われている。また，私たちは，空間行動よって自分の欲求や感情を調節したり，伝達したりしていることが知られている。このように個人の空間認知や空間利用などの空間行動を基に，対人関係や社会的関係を研究する学問領域は，プロクセミックス（近接学）とよばれている。

　プロクセミックスの提唱者であるホール（Hall, 1966）は，私たちが他者とかかわる時に，相手との関係性（恋人や友人といった関係の種類）や相互作用の内容に応じてどの程度の距離をとっているかを観察し，対人距離を四つに分類している。第1の密接距離は，相手と密着した状態の距離であり，恋人同士や母親と赤ちゃんのような非常に親密な間柄における距離である。第2の個体距離は，個人的な会話に適した距離であり，友人など比較的親しい間柄における距離である。第3の社会距離は，会議など個人的ではない会話に適した距離であり，仕事上の関係における距離である。第4の公衆距離は，講義や講演，演説などの距離であり，この距離では個人的なかかわりは意識されにくい。

　下の表から分かるように，私たちは相手との親しさの程度や関係性に応じて，最適な距離を使い分けている。ただし，ホールの研究知見は北米の人々の観察に基づく結果であり，日本人では距離の分類はほぼ類似しているが，各段階の距離が少し長くなる，といった対人距離の文化差も明らかにされている（西出，1985）。（畑中）

対人距離の分類（Hall, 1966）

名称		距離	特徴
①密接距離	近接相	15cm以下	愛撫・格闘・慰め・保護の距離
	遠方相	15～45cm	手を握ったり，身体に触れたりできる距離。親密な間柄の距離
②個体距離	近接相	45～75cm	手足を伸ばせば相手に接触できる距離
	遠方相	75～120cm	個人的な関心を議論できる距離
③社会距離	近接相	120～210cm	フォーマルな会話，個人的でない用件の会話が行われる距離
	近接相	210～360cm	互いに遮蔽できる距離
④公衆距離	近接相	360～750cm	相手に脅された場合，すぐに逃げられる距離
	遠方相	750cm以上	講演や演説に使われる距離

3. 恋愛の心理

(1) 恋愛と幻想

　周囲から反対されればされるほど，二人の恋愛が盛り上がるということがある。これをシェークスピアの戯曲になぞらえて**ロミオとジュリエット効果**とよぶ。ロミオとジュリエットの物語は，お互いが長年宿敵同士の家に育ったにもかかわらず，恋に落ちてしまい，結ばれることが許されない間柄であるという障害のために，ますます恋心を募らせ，最後は2人とも死に至るという悲劇である。ドリスコルら（Discoll et al., 1972）の調査結果では，恋愛関係における親の妨害が，2人の恋心を強めるということを報告している。しかし，最近の研究では逆の結果となり，親の賛同や友人からのサポートが得られない恋は壊れやすいことが報告されている。とくに，男性側の親や友人からのサポートが重要で，交際期間に男性の友人からのサポートが増えたカップルは，婚約もしくは結婚にいたる確率が高くなる。

　確かに，周囲の反対があれば恋の情熱は燃えあがるかもしれないが，あまりにも強く反対された場合や，親子関係の強さによって，恋愛も長続きしないこともあるだろう。そのほか，宗教，文化，時代背景など，他の多くの要因も，恋愛に影響を与えていると思われる。恋愛はあくまでも幻想で，錯誤帰属なのかもしれない。

(2) 愛はなぜ終わるのか

　人類学者のフィッシャーは，世界62の国の人口統計を分析した結果，離婚が最も多かったのは4年目だったと報告している。もちろん，国の文化や宗教などにより，それが早まったり，遅くなったりすると，社会・環境・文化の影響によって異なる。結婚後3年した頃，女性は性的欲求が急速に落ちるという報告もある。

また，イギリスに住む16歳から44歳の男女を対象に，セックスに関する問題について面接した報告がある。その結果，セックスに関する問題は男性よりも女性に感じられていることがわかった。また，結婚している男性は，独身の男性よりも問題が少ないのに，逆に結婚している女性は，独身の女性よりも多い。さらに，男性のみに見られた結果としては，性感染症と診断された人ほどセックスに関する問題があるという。そこで，強調されるのが，夫婦のコミュニケーションである。この夫婦のコミュニケーションができていない人ほど，セックスに関する問題もあるという。

4．対人葛藤とソーシャル・サポート

　人と人とは，時に争い対立し，時に助け合う。この奇妙な現象の解明に，多くの心理学者が挑んできた。本節では，対立するという視点から対人葛藤を，助け合うという視点からソーシャル・サポートを取りあげる。

（1）　対人葛藤と対人葛藤方略

　対人葛藤とは，個人の行動，感情，思考の過程が他者によって妨害されている状態である。たとえば，意見の対立，利害関係の対立などが対人葛藤である。そして，対人葛藤状況において，葛藤解決を目的とし，方略行使者が葛藤相手に対して何らかの影響力を行使しようとした行動を**対人葛藤方略**という。つまり，対人葛藤方略とは，葛藤状態で，葛藤を解決するためになされる行動のことである。

　多くの研究者によって，対人葛藤方略は，2つの次元によって4つのスタイルに分類されている。2つの次元とは，方略行使者の関心事を満たす程度を示す自己志向性（簡単にいえば，自分の意見を通そうとする傾向）と，葛藤相手の関心事を満たす程度を示す他者志向性（簡単にいえば，他者の意見を尊重する傾向）である（図8-1参照）。

　統合スタイルは，自己志向性と他者志向性がともに高い方略であり，方略行

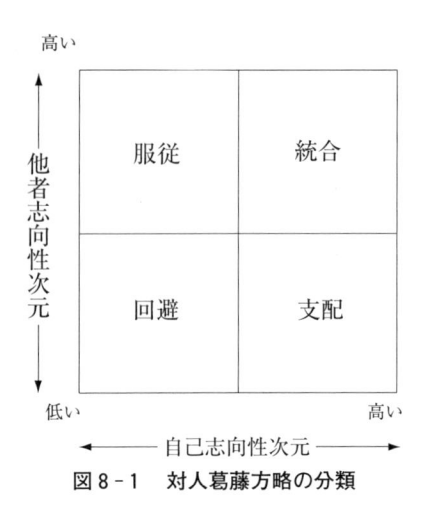

```
        高い
         ↑
他   ┌────┬────┐
者   │    │    │
志   │服従│統合│
向   │    │    │
性   ├────┼────┤
次   │    │    │
元   │回避│支配│
     │    │    │
     └────┴────┘
    低い        高い
    ←— 自己志向性次元 —→
```

図 8-1　対人葛藤方略の分類

使者と葛藤相手の両者が受け入れられるように交渉し，問題を解決する方略である。問題解決スタイル，協調スタイル，協同スタイル，相互妥協スタイルといわれることもある。たとえば，行使者と葛藤相手の両者が相互に要求や意見を譲歩し合ったり，自分の事情を説明し，相手に理解してもらおうと努力したり，相手の事情を理解しようと努めたり，お互いに受け入れられる案を提案したりする方略である。**回避スタイル**は，自己志向性と他者志向性ともに低い方略であり，直接的な葛藤を避けようとする方略群である。自分の意見を引っ込めたり，引き下がったり，無行動なども回避スタイルに含まれる。**服従スタイル**は他者志向性が高いが自己志向性の低い方略であり，葛藤相手の要求や意見に服従する方略群である。調和スタイル，自己譲歩スタイルともいわれている。**支配スタイル**は自己志向性が高いが他者志向性の低い方略であり，葛藤相手の利益を犠牲にしてでも，行使者の要求や意見を通そうとする方略である。対決スタイル，強制スタイルなどともいわれている。たとえば，自分の意見を主張したり，相手の主張を否定したりする方略である。

　このような対人葛藤方略は，私たちが生活している文化によって異なるようである。日本を含めた集団主義的文化（集団全体の統制を優先する文化）で

は，他者の面目を守ることが重視されるため，回避スタイル，統合スタイルの対人葛藤方略を用いる傾向が高いことが知られている。一方，アメリカ，イギリス，オーストラリアなどの個人主義的文化（個人の自律性の主張の方を優先する文化）では，自分自身の面目を重視するため，支配スタイルの対人葛藤スタイルを用いる傾向が高いことが知られている。

（2） ソーシャル・サポートとは

ソーシャル・サポートとは，家族，友人，同僚，専門家など，個人を取り巻く，さまざまな人々から与えられる有形無形の支援である。ソーシャル・サポートの概念は，1970年代に，キャッセル（Cassel, J.）やカプラン（Caplan, G.）によって提唱され，その後，ソーシャル・サポートに対する関心は急速に高まっていった。

ソーシャル・サポートの概念は，その測定の仕方によって，知覚されたサポート，実行されたサポート，社会的包括に分類することができる。**実行されたサポート**とは，実際に他者から受けた援助のことである。**知覚されたサポート**とは，重要な他者から援助を受ける可能性，すなわち，サポートの利用可能性を意味する。知覚されたサポートでは，主観的にサポートを受けることができるという認知が重要である。そのため，必ずしも，サポートを受ける必要性はない。**社会的包括**とは，重要な他者との社会的関係の存在を意味する。すなわち，配偶者の有無，友人の数，教会や社会活動への参加など，他者との結びつきをさす。社会的包括はサポート・ネットワークと言い換えることができる。

また，ソーシャル・サポートは，その内容によって分類することもできる。ハウス（House, J. S.）によれば，ソーシャル・サポートは情動的サポート，手段的サポート，情報的サポート，評価的サポートの4つに大別することができる，と考えている。情動的サポートとは，共感，愛情，信頼，気遣い，心配など，情緒的な支援を意味する。手段的サポートとは，援助を必要としているものに対して，直接手を貸したり，仕事を手伝ったり，お金を貸したりすることなどの援助を意味する。情報的サポートとは，問題解決などのために必要と

する情報や知識を与えることをいう。評価的サポートとは，個人の行動に対して適切な評価を与えることを意味している。

（3） ソーシャル・サポートと精神的健康

こうした人と人とのきずなが，心身の健康に影響を及ぼすということが，多くの研究者によって明らかにされている。その最も端的な例が，ソーシャル・サポートと死亡率との関係である。図8-2はハウスら（House et al., 1988）のデータに基づき，ソーシャル・サポートと死亡率の相対危険率（ソーシャル・サポートの低い者の死亡率を高い者の死亡率で除した数値）をグラフ化したものである。たとえば，ジョージア州黒人男性の相対危険率1.08倍であるが，これは，ソーシャル・サポートの低い者は高い者と比較し，死亡率の危険率が1.08倍であることを意味している。このグラフを見ると，いずれも相対危険率が1.0倍を超えており，ソーシャル・サポートが高いほど，死亡率が低いことがわかる。また，ソーシャル・サポートの欠如と循環器系の亢進や，自律神経系の活動異常，免疫機能の低下などとの関連性が報告されている。

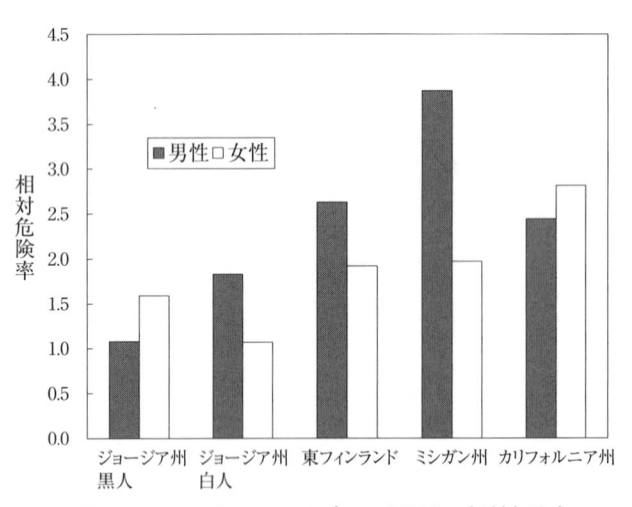

図8-2　ソーシャル・サポートと死亡の相対危険率
(House, Landis, & Umberson（1988）のデータを用い筆者がグラフ化した)

ソーシャル・サポートが，どのような機能によってストレスを緩和するのであろうか。研究者によって，さまざまな理由が提唱されているが，そのうちのいくつかを紹介する。まず，ストレッサーに対する認知的評価（第4章参照）を変容させる機能が考えられる。すなわち，サポートを得ているということによって，ストレッサーに遭遇しても，それをストレスフルであると評価しなかったり，ストレッサーを処理することができると認知したりするのである。そのことによって，ストレッサーに遭遇しても，精神的健康を維持することができる。ソーシャル・サポートが，コーピング（ストレッサーに対する対処の仕方。詳細は第4章参照）の資源として機能する場合もある。たとえば，コーピングには「他者に助言を求める」「人に愚痴を聞いてもらう」などの方略がある（この方略をサポート希求という）。サポート希求は，サポートを与えてくれる他者の存在することが前提となって実行され，そのような他者がいなければ，サポート希求を行うことができない。すなわち，ソーシャル・サポートは，実行するコーピングの選択肢を増やすことができるのである。また，ソーシャル・サポートは，ストレス状況下で自己破壊的な行動を抑制する機能があるとも考えられている。たとえば，禁煙，定期的な運動，定期的な医療機関の受診など，他者からの援助を得ることで可能になる場合もある。

　最近のソーシャル・サポート研究では，**サポートの互恵性**（ごけい）に関する研究が注目を集めている。サポートの互恵性とは，「サポートを受けたこと」と「サポートを与えたこと」を計りにかけることを意味している。「サポートを受けたこと」と「サポートを与えたこと」を比較し，釣り合っている状態を互恵状態といい，サポートを受けたことが与えたことより多い場合を過大利得，サポートを受けたことが与えたことより少ない場合を過小利得という。

　図8-3は，サポートの互恵性とストレス反応との間の関係をまとめたものである。この図をみると，「サポートを受けたこと」と「サポートを与えたこと」が釣り合った状態である互恵状態のとき，ストレス反応が最も低くなっている。一方，過大利得，あるいは，過小利得が進むほど，ストレス反応が増大している。過小利得状態では，自分はサポートをしているのに，それに釣り合

コラム28：文化によって異なる対人関係のあり方

「出る杭は打たれる」という諺がある。この諺は，他者と違うことをする者や他者より抜きん出ている者は，憎まれたり制裁を受けたりする，ということを表している。この諺が示すように，日本では，他の人に合わせない人や他の人とさまざまな面で違っている人は，敬遠されたり，変わった人と思われたりすることが多いようである。しかし，アメリカでは，対照的に，The squeaky wheel gets the grease（きしる車輪には油がさされる）といった諺があり，個人が他者とは違うこと，また，それを積極的に主張することが認められ，利益につながるようである。なぜ，国によってこのような違いが生じてくるのであろうか。この問題に関して，マーカスと北山（Markus & Kitayama, 1991）は，文化的自己観から説明している。

文化的自己観とは，文化によって作られた「人とはどのようなものであるか」ということに関する見方のことである。日本の文化的自己観は他者との関係を重視する相互協調的自己観（左図）が優勢であり，北米の文化的自己観は独立性を重視する相互独立的自己観（右図）が優勢である。相互協調的自己観では，自己は他者と結びついており，関係に埋め込まれた存在であるとされる。そのため，他者との関係性や，その関係を取り巻く状況を基準に，判断や行動が行われやすく，結果として他者の願望や意図，状況に合わせた協調的な行動が一般的に生じやすくなる。「出る杭」が打たれるのは，日本の文化的自己観に合致していないためと考えられる。一方，相互独立的自己観においては，自己は他者から独立しており，あらゆる関係性から切り離されて認識される傾向がある。したがって，他者と異なること，またそれを主張することが当たり前なのである。（畑中）

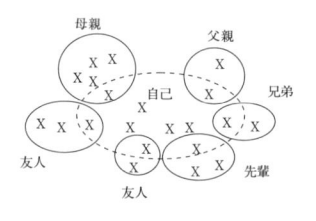

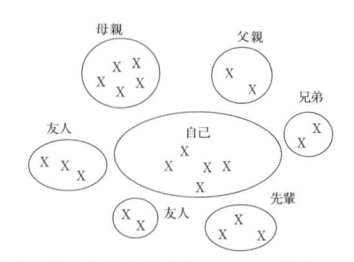

相互協調的自己観のモデル（左）と相互独立的自己観のモデル（右）
注）図中の X は各自がもつ特性や意図や態度を示す。相互協調的自己観では，他者と意図や態度が共有されており，かかわる他者から影響を受けて形成されるととらえられる。

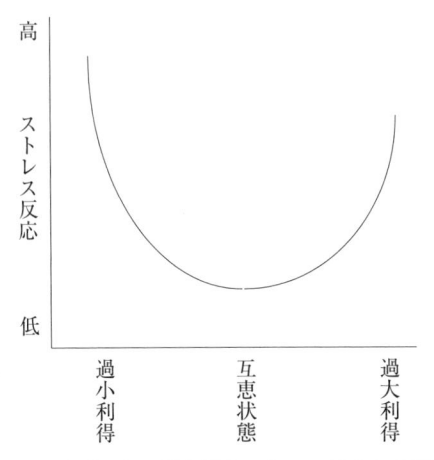

図8-3 サポートの互恵性とストレス反応との関係性

うサポートが得られない，といった不公平感や怒りが高まる。他方，過大利得状態では，自分は少ししかサポートしていないにもかかわらず，サポートを受けすぎている，という罪悪感や恥が高まったり，自尊心が傷ついたりする。そのような理由から，過大利得傾向，過小利得傾向が高まると，ストレス反応が増大すると考えられている。このようなサポートの互恵性から得られる知見は，身体障害者，介護を受けている高齢者など，過大利得状態にある人々の精神的健康を考えるうえで，重要な問題を提起している。

5. 攻 撃 性

攻撃性とは，他の生活体に対して，傷つけたり，害させたりするような行動である。なぜ，そのような行動を取るのか，多くの研究者たちがこの問題に取り組んできた。以下，生まれながらにして攻撃的な行動を有するという生得的な考え方と，学習によって，攻撃的な行動を身につけたとする考え方について説明する。

（1） 攻撃性の生得説

攻撃性の生得説は，精神分析の創始者であるフロイト（Freud, S.）の死の本能説（タナトス）に象徴される。死の本能は自己破壊へと向う衝動を意味している。この衝動が，自己ではなく外界（他者）へ向けられたものが攻撃的行動である，とフロイトは考えた。フロイトの説は，攻撃性に関する単なる考えでしかないが，さまざまな研究者によって，攻撃性が生得的な行動であることが実証されている。

1） フラストレーション―攻撃仮説

フラストレーションを日本語でいえば，欲求不満のことである。**フラストレーション―攻撃仮説**とは，欲求不満が原因となって攻撃的な行動が生起する，という仮説である。イエール大学のダラード（Dollard, J.）らによって提唱された。フラストレーション―攻撃仮説では，フラストレーションが満たされるまで，その**動因**（行動が生起するために必要な内的な状態）が持続され，攻撃的な行動を行うことによって，フラストレーションは解消される，と考えられている。

後に，攻撃的行動に先立って必ずフラストレーションが存在するわけではなく，また，フラストレーションが必ず攻撃的な行動をもたらすわけでもないことが実証され，フラストレーション―攻撃仮説は修正された。

2） 本能的行動

本能的行動の適応と進化を理解する学問領域として比較行動学がある。本能的行動が生起するためには，そのような行動が生起されるような内的な状態に，生活体がおかれている必要がある。これが先に説明した動因である。また，そのような行動を刺激する**触発刺激**が必要である。たとえば，オスのイトヨ（硬骨魚類の一種）は，繁殖期になると，別のオスがなわばりに侵入すると，そのオスに対して攻撃的な行動をとる。オスのイトヨによって，繁殖期で

コラム29：愛着スタイルとソーシャル・サポート

愛着スタイルとは，人と人との情緒的なきずなである愛着の個人差を意味する。第6章では，主に，乳幼児期における愛着について述べているが，愛着スタイルの概念を成人期に拡大してとらえようとする考え方もある。

一般的に，愛着スタイルは，他者が自分を愛し，関心をもってくれているかどうか，また，良い点も悪い点も含めて，ありのままの自分を受け入れてくれているかどうかについての信念（自己に対する認知的表象）と，自分自身が困難な状況に直面した際に，周囲の人が適切な援助をしてくれるかどうかに関する信念（他者に対する認知的表象）によって，4つのスタイルに分類することができる。「安定型」は自己および他者に対する認知的表象がいずれもポジティブな人，「拒絶回避型」は自己に対する認知的表象のみがポジティブな人，「とらわれ型」は他者に対する認知的表象のみがポジティブな人，「対人恐怖的回避型」は自己および他者に対する認知的表象がいずれもネガティブな人をそれぞれ表している。

オグニベンとコリンズ（Ognibene & Collins, 1998）は，大学生を対象にして，愛着スタイル，サポート期待，ストレスに対するコーピングの関連を検討している。アタッチメントスタイルとサポート期待との関連では，「安定型」の人は「対人恐怖的回避型」の人よりも友人からのサポートに対する期待が高く，また，とらわれ型の人よりも家族からのサポートに対する期待が高かった。「安定型」の人は，何か困ったときには友人や家族が助けてくれるという強い期待を普段からもっており，実際にストレスフルな出来事に直面した場合には，そうした期待をもとにして，友人や家族にサポートを求めるという行動をとりやすいと考えられる。（谷口）

自己に対する認知的表象（Bartholomew & Horowitz, 1991）

		ポジティブ	ネガティブ
他者に対する認知的表象	ポジティブ	【安定型】親密になることも，自律的であることも，どちらも快適	【とらわれ型】相手との関係に没頭
	ネガティブ	【拒絶回避型】親密になることを拒否 反依存的	【対人恐怖的回避型】親密になることへの不安 親密な関係からの回避

あることが動因となる。また，なわばりに侵入する別のオスの腹部が赤いことが，触発刺激となる。このような攻撃的な行動は，繁殖期でなければ，しかも，なわばりに侵入するオスの腹部が赤くなければ，みられない。

オスのイトヨ以外にも，さまざまな動物において，なわばりを守るための攻撃的な行動がみられる。このようなことから，比較行動学者のローレンツ（Lorenz, K.）は，攻撃的な行動は，なわばりを守るために生得的に備わった本能的行動である，と考えた。

3) 生理的基礎

いくつかの研究では，本能的行動に関与していると考えられる視床下部や扁桃核を刺激すると，攻撃的な行動が観察される，と報告している。たとえば，マウスを殺したことも，マウスを殺す場面に遭遇したことがないラットは，マウスと一緒に飼われていても，マウスを殺さない（ラットは，マウスより体格が大きいため，ラットがマウスを殺してしまうことがある）。しかし，ラットの側部視床下部に，ある薬物を注入すると，突然，マウスを殺してしまう。また，男性ホルモン（テストステロン）を注射されたメスの動物は，攻撃的な行動が増加する傾向が報告されている。

(2) 攻撃性の学習

攻撃的な行動が動因や本能によって生じるという説に対して，攻撃的な行動は，私たちが経験した学習によって生じるという考え方がある（学習に関しては第3章を参照）。その代表的な考え方が**社会的学習理論**（第6章参照）である。社会的学習理論では，他者の行動を観察し，観察者が**代理強化**を受けることによって，観察者の行動が**強化**され，その行動の頻度が増加すると考える（強化に関しては第3章を参照）。たとえば，兄の行動を模倣する弟の行動にみられる。兄がお使いに行き，母にほめられる。それを観察していた弟がお使いに行くようになる。お使いに行くという弟の行動頻度が増加することが代理強化である。弟は，母から，直接何の強化も受けていない（母からほめられてい

ない)。兄（モデル）が強化を受けることで，弟の行動が間接的に強化されたのである。このような**観察学習（モデリング）**によって攻撃的な行動頻度が増加することは，多くの研究によって明らかにされている（コラム㉑参照）。

　さらに，獲得された攻撃的な行動は，相手の反応によって，変化することが知られている。たとえば，攻撃された相手が泣き叫んだり，おどおどしたりする場合，その攻撃的な行動は増加する。これは，相手が泣き叫んだり，おどおどしたりすることが正の強化子となっていることを示している。一方，攻撃された相手が反撃した場合，攻撃的な行動は減少する。これは，反撃される，ということが罰となっているのである。このようなオペラント条件づけによる攻撃的な行動を観察することによっても，攻撃的な行動が増減することが知られている。すなわち，攻撃的な行動が強化されている場面を観察することによって，攻撃的な行動の頻度が増加する一方，攻撃的な行動に罰が与えられる場面を観察すると，攻撃的な行動の頻度が減少するのである。

　攻撃的な行動が動因によるものであるとする考え方のなかには，攻撃的な行動が遂行されると，攻撃的な行動の動因が低減するというカタルシスの考え方がある。簡単に言えば，相手を攻撃することによって，気が済んだので，攻撃的な行動はしなくなる，という考え方である。しかし，攻撃性がカタルシスを生起させるという考え方に反する結果が得られている。たとえば，何もすることができない他者（サクラ）に対して，被験者に電気ショックを与える機会を呈示すると，その機会が増すほど，被験者は，より，電気ショックを他者に与えるようになることが知られている。カタルシスの考え方が正しいとするならば，何度か，電気ショックを与えると（攻撃的な行動をすると），気持ちが収まり，やがて電気ショックを与えなくなるはずである。しかし，実際には，被験者の攻撃的な行動は抑制されない。

引用文献（本文）

■第1章

Driver, J., Davis, G., & Ricciardelli, P. (1999). Gaze perception triggers reflexive visuospatial orienting. *Visual Cognition*, **6**, 509-540.

Haffenden, A. M., Schiff, K. C., & Goodale, M. A. (2001). The dissociation between perception and action in the Ebbinghaus illusion: nonillusory effects of pictorial cues on grasp. *Current Biology*, **11**, 177-181.

Kitayam, S., Duffy, S., Kawamura, T., & Larsen, J. (2003). Perceiving an object and its context in different cultures: A cultural look at new look. *Psychological Science*, **14**, 201-206.

Posner, M. I., Nissen, M. J., & Ogden, W. C. (1978). Attended and unattended processing modes: The role of set for spatial location. In H. L. Pick & E. Saltzman (Eds.), *Modes of Perceiving and Processing Information*. Hillsdale, New Jersey: Lawrence Erlbaum. pp.137-158.

Sekuler, A. B., Gaspar, C. M., Gold, J. M., & Bennett, P. J. (2004). Inversion leads to qualitative processing changes face processing. *Current Biology*, **14**, 391-396.

Treisman, A. & Schmidt, H. (1982). Illusory conjunctions in the perception of objects. *Cognitive Psychology*, **14**, 107-141.

■第2章

Ebbinghaus, H. (1885). Uber das Gedachtnis. Leipzig: Duncker and Humbolt.

Einstein, G. O., & Hunt, R. R. (1980). Relational and item-specific information in memory. *Journal of Verbal Learning and Verbal Behavior*, **20**, 497-514.

Geiselman, R. E., Bjork, R. A., & Fishman, D. L. (1983). Disrupted retrieval in directed forgetting: A link with posthypnotic amnesia. *Journal of Experimental Psychology: General*, **112**, 58-72.

Herz, R. S. (1997). The effects of cue distinctiveness on odor-based context-dependent memory. *Memory & Cognition*, **25**, 375-380.

Levy, B. J., & Anderson, M. A. (2002). Inhibitory processes and the control of memory retrieval. *Trends in Cognitive Sciences*, **6**, 299-305.

■第3章

Boakes, R. A. (1984). *From Darwin to behaviorism: Psychology and the minds of animals*. Cambridge: Cambridge University Press.

Premack, D. (1965). Reinforcement theory. In D. Levine (Ed.), *Nebraska symposium on motivation*, Vol. XIII. Lincoln, Nebraska : University on Nebraska Press. pp.123-180

Thorndike, E. L. (1898). Animal intelligence : An experimental study of the associative processes in animals. *Psychological Review Monograph Supplement*, Vol.2, No.8.

Yerkes, R. M., & Morgulis, S. (1909). The method of Pavlov in animal psychology. *Psychological Bulletin*, **6**, 257-273.

■第 4 章

Carver, C.S., Scheier, M.F., & Weintraub, J.K. (1989). Assessing coping strategies : A theoretically based approach. *Journal of Personality and Social Psychology*, **56**, 267-283.

Holmes, T.H., & Rahe, R.T. (1967). The Social Readjustment Rating Scale. *Journal of Psychosomatic Research*, **11**, 213-218.

Lazarus, R.S. (1991). Emotion and adaptation. New York : Oxford University Press.

夏目誠・村田弘・杉本寛治・中村彰夫・松原和幸・浅尾博一・藤井久和　1987　勤労者におけるストレス評価法について（第 1 報）―点数法によるストレス度の自己評価の試み―　産業医学, **30**, 266-279.

Schachter, S., & Singer, W.B. (1962). Cognitive, social, and psychological determinants of emotional state. *Psychological Review*, **69**, 379-399.

■第 5 章

Goldberg, L. R. (1990). An alternative "description of personality" : The Big-Five factor structure. *Journal of Personality and Social Psychology*, **59**, 1216-1229.

クレッチマー E.　相場均（訳）（1960）.　体格と性格　文光堂（Kretschmer, E. (1955). Korperbau und Charakter. Berlin : Springer.）

宮城音弥（1960）. 性格　岩波書店

日本 MMPI 研究会編（1969）. 日本版 MMPI ハンドブック　三京房

辻岡美延（1976）. 新性格検査法―YG 性格検査応用・研究手引―　日本心理テスト研究所

■第 6 章

安藤寿康・福永信義・倉八順子・須藤　毅・中野隆司・鹿毛雅治（1992）.　英語教授法の比較研究―コミュニカティヴ・アプローチと文法的・アプローチ―　教育心理学研究, **40**, 247-256.

Barnard, J., Zimbardo, P., & Sarason, S. (1968). Teachers' ratings of student personality traits as they relate to IQ and social desirability. *Journal of Educational Psychology*, **59**, 128-132.

Deci, E. L. (1971). Effects of externally mediated rewards on intrinsic motivation. *Jour-*

nal of Personality and Social Psychology, **18**, 105-115.

Harlow, H. F. (1958). The nature of love. *American Psychologist*, **13**, 673-685.

繁多　進（1987）. 愛着の発達　大日本図書

Klaus, M. H., & Kennell, J. H. (1976). *Maternal-infant bonding: The impact of early separation or loss on family development*. Saint Louis: Mosby.

宮城音弥（1960）. 性格　岩波書店

Rosenthal, R., & Jacobson, L. (1968). *Pygmalion in the classroom: Teacher expectation and pupils' intellectual development*. New York: Holt, Rinehart & Winston.

Symonds, P. M. (1939). *The psychology of parent-child relationships*. New York: Appleton-Century Co.

■第7章

Asch, S. E. (1955). Opinions and social pressures. *Scientific American*, **193**, 31-35.

Jourard, S. M., & Lasakow, P. (1958). Some factors in self-disclosure. *Journal of Abnormal and Social Psychology*, **56**, 91-98.

Jones, E. E., & Pittman, T. S. (1982). Toward a general theory of strategic self-presentation. In J. Suls (Ed.), *Psychological perspectives on the self*, Vol.1. Hilsdale, New Jersey: Erlbaum. pp.231-262.

Milgram, S. (1974). *Obedience to authority: An experimental view*. New York: Harper & Row.

■第8章

Discoll, R., Davis, K., & Lipetz, M. (1972). Parental interference and romantic love: The Romeo and Juliet effect. *Journal of Personality and Social Psychology*, **24**, 1-10.

House, J.S., Landis, K.R., & Umberson, D. (1988). Social relationships and health. *Science*, **241**, 540-545.

Patterson, M. L. (1983). *Nonverbal behavior: A functional perspective*. New York: Springer Verlag.

引用文献（コラム）

■第1章

Mack, A. & Rock, I. (1998). *Inattentional Blindness*. Cambridge, Massachusetts: MIT Press.

Shams, L., Kamitani, Y., & Shimojo, S. (2000). Illusions: What you see is what you hear. *Nature*, **14**, 788.

■第2章

Brown, R., & Kulik, J. (1977). Flashbulb memories. *Cognition*, **5**, 73-99.

Bruce, V., & Young, A. (1986). Understanding face recognition. *British Journal of Psychology*, **77**, 305-327.

Neisser, U., & Harsh, N. (1992). Phantom flashbulbs : False recollections of hearing the news about Challenger. In E. Winograd & U. Neisser (Eds.), *Affect and accuracy in recall : Studies of flashbulb memories*. New York : Cambridge University Press. pp.9-31.

■第3章

Gunturkun, O. (2003). Adult persistence of head-turning asymmetry : A neonatal right-side preference makes a surprising romantic reappearance later in life. *Nature*, **421**, 711.

Smith G. R. and McDaniel, S. M. (1983). Psychologically mediated effect on the delayed hypersensitivity reaction to tuberculin in humans. *Psychosomatic Medicine*, **45**, 65-70.

Overmier, J. B., & Seligman, M. E. P. (1967). Effects of inescapable shock upon subsequent escape and avoidance responding. *Journal of Comparative and Physiological Psychology*, **63**, 28-33.

■第4章

Friedman, M., & Rosenman, R.H. (1959). Association of specific overt behavior pattern with blood and cardiovascular findings. *JAMA : Journal of American Medical Association*, **196**, 1286-1296.

Weiss, J.M. (1972). Psychological factors in stress and disease. *Scientific American*, **226**, 104-113.

■第5章

Jang, K. L., Livesley, W. J., & Vernon, P. A. (1996). Heritability of the big five personality dimensions and their facets : A twin study. *Journal of Personality*, **64**, 577-591.

松井　豊・上瀬由美子（1994）．血液型ステレオタイプの構造と機能　聖心女子大学論叢, **82**, 98-72.

■第6章

Bandura, A., Ross, D., & Ross, S. A. (1963). Imitation of film-mediated aggressive models. *Journal of Abnormal and Social Psychology*, **66**, 3-11.

近藤邦夫（1995）．子どもと教師のもつれ　岩波書店

シング, J. A. L. 中野善達・清水知子（訳）（1977）. 狼に育てられた子　福村出版

■第7章

Fiske, S. T., Xu, J., & Cuddy, A. C. (1999). (Dis) respecting versus (Dis) liking : Status and Interdependence predict ambivalent stereotypes of competence and warmth. *Journal of Social Issues*, **55**, 473-489.

Fiske, S. T., Cuddy, A. J. C., Glick, P., & Xu, J. (2002). A model of (often mixed) stereotype content : Competence and warmth respectively follow from perceived status and competition. *Journal of Personality and Social Psychology*, **82**, 878-902.

Pennebaker, J.W., & Beall, S.K. (1986). Confronting a traumatic event : Toward an understanding of inhibition and disease. *Journal of Abnormal Psychology*, **95**, 274-281.

■第8章

Bartholomew, K., & Horowitz, L.M. (1991). Attachment styles among young adults : A test of a four-category model. *Journal of Personality and Social Psychology*, **61**, 226-244.

Dutton, D. G., & Aron, A.P. (1974). Some evidence for heightened sexual attraction under conditions of high anxiety. *Journal of Personality and Social Psychology*, **30**, 510-517.

Hall, E. T. (1966). *The hidden dimension*. New York : Doubleday.

Markus, H. & Kitayama, S. (1991). Culture and self : Implications for cognition, emotion, and motivation. *Psychological Review*, **98**, 224-253.

西出和彦（1985）. 人と人との間の距離　建築士と実務, **5**, 95-99.

Ognibene, T.C., & Collins, N.L. (1998). Adult attachment styles, perceived social support and coping strategies. *Journal of Social and Personal Relationships*, **15**, 323-345.

さくいん

あ行

アイゼンク　83,84
愛着　99,100
愛着スタイル　153
アタッチメント　99
アッシュ　133
アドレナリン　60,68
安定型　100
アンダーマイニング効果　109
維持リハーサル　22
一次的評価　74
一貫性　126
意味記憶　28
因子分析　83
インプリンティング　102
運動再生　111
H-P-A系　69
エインズワース　100
エピソード記憶　27
エビングハウス　25,31
エビングハウス錯視　14
LCU得点　71
延滞条件づけ　41,42
オペラント条件づけ　49-55

か行

外向性　83,84
外向性―内向性　83
外発的動機づけ　108
回避型　100
回避スタイル　146
学習　37,38
学習性無力感　57
獲得　43
カタルシス　155
感覚記憶　21
観察学習　56,110-113,155
干渉説　32
気質と性格の7次元モデル　87
基準関連妥当性　95,96
帰属過程　125,126
帰属の誤り　126
記銘　20
逆行条件づけ　41,42
キャノン　60,65
キャノン・バード説　61
強化　41,52,108,111,154
共感覚　13
教師期待効果　114
共同注意　7
均衡理論　124,125
クレッチマー　80-82
クロニンジャー　87
クロンバック　115
経験への開放性　84
ケーラー　55
結果予期　113
結合錯誤　2,5
ケリー　125
原因帰属　109
言語的コミュニケーション　141
言語的報酬　108

検索　20,28-31
検索誘導性忘却　33,34
減衰説　32
行為者―観察者バイアス　126
合意性　126
効果の法則　50
交感神経系　68
攻撃性　151-155
高次条件づけ　45
構成概念妥当性　97
行動遺伝学　88,89
行動療法　56,77
効力予期　113
コーピング　73,74,76
ゴールトン　88
刻印づけ　102
心の理論　105
古典的条件づけ　38-47
コミュニケーション　141
痕跡条件づけ　42

さ行

ザイアンス　63
サッチャー錯視　9
サポートの互恵性　149
3項随伴性　53
ジェームズ　60
ジェームズ・ランゲ説　60
ジュラード　127,128
視覚情報処理　1,2,3,11
試行錯誤学習　50
自己開示　127

自己効力感　113
自己調整学習　119
自己調整学習方略　119
自己呈示　130
示差的処理　24, 25
指示忘却　32
視床下部　61, 67, 68
舌の先まで出てきている
　　現象　35
7±2チャンク　21
実行されたサポート　147
質問紙法　90
自発的回復　43
社会的学習理論　111, 154
社会的再適応評価尺度
　　　　　　　　71
社会的認知　120
社会的包括　147
シャクター　61, 62
主観的輪郭線　16
循環気質　81, 82
順行条件づけ　41, 42
消去　43
条件刺激　41
条件性強化子　52
条件反応　41
情動焦点型コーピング
　　　　　　　　74
情動の2要因説　61, 62
情報的側面　109, 110
初期経験　100-102
触発刺激　154
自律神経系　68
神経症的傾向　83, 84
信頼性　94, 95
スキナー　50, 51
ステレオタイプ　121-123

ストレイン　64
ストレス　64
ストレス反応　64
ストレッサー　64, 67
ストレンジ・シチュエー
　　ション法　100, 101
性格　79
生活年齢　106
制御的側面　110
誠実性　84
精神神経免疫学　48
精神年齢　106
精緻化リハーサル　23
正の強化子　52
接近の法則　43
セリエ　64, 70
セリッグマン　57
セルフ・サービング・バイ
　　アス　126
宣言の記憶　23
想起　20
双生児研究　88
ソーシャル・サポート
　　　　　　　147-151
ソーンダイク　49, 50

た行

対人葛藤　145
対人葛藤方略　145
対人認知　138
対人魅力　138
体制化　24, 25
大脳機能局在　11
大脳辺縁系　67, 68
タイプA行動パターン
　　　　　　　　66

タイプB行動パターン
　　　　　　　　66
代理強化　56, 111, 154
妥当性　95, 97
短期記憶　21, 22
知覚されたサポート　147
知能検査　106
知能指数（IQ）　106
チャンク　21, 22
注意　5, 6, 7, 21, 111
貯蔵　20
中心的関係テーマ　63
中性刺激　41
長期記憶　22, 23
調和性　84
ツェルナーの錯視　17
つり橋実験　140
抵抗期　70, 71
適性処遇交互作用　115
デシ　109, 117
手続き的記憶　23
動因　152
投影法　92-94
動機づけ　108, 111
道具的条件づけ　49
統合スタイル　145
洞察　55
同時条件づけ　41, 42
同調　133
特性論　82
トークン　52
トランスアクション理論
　　　　　　　　76

な行

内発的動機づけ　109
内分泌系　68, 69

内容的妥当性　95
二次的評価　74
認知的評価　62, 73, 74
認知・動機づけ・関係理論
　　　63
粘着気質　81, 82

は行

ハーロウ　98
パーソナリティ　79
背側経路　11
ハイダー　124
罰　54
パブロフ　38
ハロー効果　113, 114, 139
般化　43, 44
汎適応症候群　70
バンデューラ
　　　56, 111-113
反応警告期　70
PTSD　77
ピグマリオン効果　114
非言語的コミュニケー
　ション　141
ビッグファイブ　84, 85
ビネー　106
疲はい期　71
ビヨーク夫妻　32, 33
敏感期　102
副交感神経系　68
服従スタイル　146
腹側経路　11
符号化　20, 24, 25, 30
物質的報酬　108
負の強化子　52
フラストレーション─攻撃
　仮説　152

プラセボ効果　46
フラッシュバルブメモリ
　　　27, 29
フリーオペラント　51
プレマックの原理　53
分化　43, 44
文化的自己観　132
分裂気質　81, 82
ペネベーカー　128, 129
ヘリングの錯視　17
ヘルマン格子　16
偏見　123
弁別刺激　53
弁別性　126
返報性の規範　130
忘却曲線　25
報酬　108-110
ボウルビー　99
保持　20, 25-28, 111
ホスピタリズム　104
ホメオスタシス　65
ポッケンドルフの錯視
　　　17

ま行

マターナル・デプリベー
　ション　104
ミネソタ多面的人格目録
　　　92
ミュラー・リヤーの錯視
　　　17
ミルグラム　135
無条件刺激　40
無条件性強化子　52
無条件反応　40
メタ認知　119
免疫系　69, 70

モデリング　56, 110-113,
　　　155
問題解決学習　55
問題焦点型コーピング
　　　74

や, ら行, わ

野生児の記録　103
ライフイベント理論
　　　71-73
ラザルス　62, 63, 73-78
両価型　100
臨界期　100
類型論　80
ルビンの盃　16
レスポンデント条件づけ
　　　38
ロールシャッハテスト
　　　93, 96
ローレンツ　102
ロミオとジュリエット効果
　　　144
Y-G性格検査　90-91

執筆者 （執筆順）

永井聖剛：愛知淑徳大学人間情報学部教授
　　第1章　　コラム1，2，3

平野哲司：大阪人間科学大学人間科学部准教授
　　第2章　　コラム6，7，8

土江伸誉：兵庫医療大学共通教育センター講師
　　第3章　　コラム9，10，11，12

加藤　司：東洋大学社会学部教授
　　第4章　第8章4・5　　コラム4，5，13，14，15，18

友野隆成：宮城学院女子大学学芸学部准教授
　　第5章　　コラム17

伊藤崇達：京都教育大学教育学部准教授
　　第6章　　コラム19，20，21，22

畑中美穂：名城大学人間学部准教授
　　第7章　　コラム16，23，24，25，26，27，28

廣川空美：梅花女子大学看護保健学部教授
　　第8章1・2・3

谷口弘一：長崎大学教育学部准教授
　コラム29

　　イラスト／赤木己恵
　　カバーデザイン／岩本なお

心理学の基礎 ―新しい知見とトピックスから学ぶ―

2007年2月27日　初版発行
2018年2月20日　第10刷

検印廃止

著者代表© 加藤　司
発行者　　大塚栄一

発行所　株式会社 樹村房
JUSONBO

〒112-0002　東京都文京区小石川5丁目11番7号
電話　東京（03）3868-7321
FAX　東京（03）6801-5202
http://www.jusonbo.co.jp/
振替口座　　　00190-3-93169

印刷・製本／亜細亜印刷株式会社
ISBN 978-4-88367-134-2　乱丁・落丁本はお取り替えいたします。